自然ツーリズムの見方・考え方

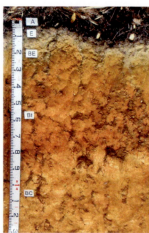

◀ ①土壌を見る・土壌から考える
日本で見られるアンドソル（左）と熱帯で見られるアクリソル（右）
（左：1987年8月，右：1993年4月小崎撮影）
本書4章に関連

②地質・地形を見る・地質・地形から考える ▶
兵庫県豊岡盆地の山陰海岸ジオパークにおける青龍洞の柱状節理（2013年11月菊地撮影）
本書8章に関連

◀ ③森を見る・森から考える
オーストラリア・クイーンズランド州のケアンズ周辺における世界自然遺産の熱帯雨林とそこでのエコツーリズム（2006年7月菊地撮影）
本書6章・9章に関連

◀④野生動物を見る・野生から考える
スリランカのウダワラウェ国立公園におけるゾウのワイルドライフ・ツーリズム（2013年5月 ラナウィーラゲ・エランガ撮影）
本書6章・8章に関連

⑤農村を見る・農村から考える ▶
イギリスの湖水地方において農場や牧場のフットパスを散策するルーラルツーリズム（2004年8月菊地撮影）
本書7章に関連

◀⑥自然環境の保全を見る・自然環境の保全から考える
東京近郊の狭山丘陵におけるトトロの森の保全と身近な地域の自然ツーリズム（2006年7月小原撮影）
本書の10章に関連

自然ツーリズム学

よくわかる観光学 2

菊地俊夫・有馬貴之 編著

朝倉書店

編集者

菊地俊夫　首都大学東京都市環境学部教授
有馬貴之　帝京大学経済学部講師

執筆者

有馬貴之	帝京大学経済学部講師	(1, 11章)
菊地俊夫	首都大学東京都市環境学部教授	(2, 16章)
沼田真也	首都大学東京都市環境学部准教授	(3, 6章)
小崎　隆	首都大学東京都市環境学部教授	(4章)
伊ヶ崎健大	国際農林水産業研究センター研究員	(4章)
倉田陽平	首都大学東京都市環境学部准教授	(5章)
林　琢也	岐阜大学地域科学部准教授	(7章)
新名阿津子	鳥取環境大学地域イノベーション研究センター准教授	(8章)
目代邦康	公益財団法人自然保護助成基金主任研究員	(9章)
小原規宏	茨城大学人文学部准教授	(10章)
松山　洋	首都大学東京都市環境学部准教授	(12章)
井口　梓	愛媛大学法文学部准教授	(13章)
尾方隆幸	琉球大学教育学部准教授	(14章)
杉本興運	首都大学東京都市環境学部助教	(15章)

執筆順．（ ）は執筆担当

はじめに

　自然ツーリズムは多くの人にとってあまり馴染みのない言葉であるが，欧米ではnature-based tourismとして周知されている言葉でもある．さらに，自然ツーリズムとは何かとなると，その意味をめぐってさまざまな議論が生じ，混乱の度が増してくる．多くの人は自然ツーリズムがエコツーリズムと同義と誤解しているが，エコツーリズムは自然ツーリズムの1つの形態にすぎない．確かに，エコツーリズムは自然ツーリズムの重要な形態であるが，エコツーリズム以外にもアドベンチャーツーリズム（ハイキングやトレッキング，あるいはスキーやカヌーなどのアウトドアスポーツ）やルーラルツーリズム（農村観光）などの形態も自然ツーリズムに含まれている．そのような自然ツーリズムの多様な形態を知ると，私たちは知らず知らずのうちに自然ツーリズムを体験し楽しんでいることに気づくだろう．しかし，自然に身をおき，自然と遊び，自然を楽しむ私たちは，自然のことをどのくらい考え理解しているのであろうか．そのような疑問が本書を出版する最初の契機となったことはいうまでもない．

　自然ツーリズムの究極の目的は，自然とその仕組みを理解して楽しむこと，自然を保全し適正利用を行うこと，および自然と人間の合理的な関係を持続させることである．本書では，それらの自然ツーリズムの究極的な目的に基づいてトピックが精選され，章の構成が組み立てられてきた．本書は，大きく基礎編と実践編，および応用編の3つのパートからなっている．基礎編では，自然とその仕組みを理解するための基礎的な見識として，地理学や生態学，あるいは土壌学や情報学などのフレームワークや方法が示されている．ついで実践編では，自然を保全し適正利用する活動として，エコツーリズムやルーラルツーリズム，およびジオツーリズムを具体的な事例にしながら，それぞれの見方・考え方が的確に示されている．それらの事例を通じて自然ツーリズムの楽しさも理解できるにちがいない．そして応用編では，自然と人間の合理的な関係を持続させるために，教育・啓蒙や計画，あるいはリスク管理や人材養成などの必要性が将来に向けての展望を含めて議論されている．

　実際，東京郊外の多摩地域に住んでいると，自然ツーリズムの意義や大切さを

痛切に感じることが少なくない．地元住民の高齢化や農業の兼業化によって，里山の管理に手がまわらなくなり，郊外農村の里山の荒廃が目立つようになっている．春先の多摩地域において，里山の風物詩であったカタクリの花もほとんど見られなくなってしまった．カタクリの群落がたまに見つかると，人びとはそれらを保護しようと柵を設けて，人びとがカタクリの群落に立ち入らないようにする．そのような保護を行っているにもかかわらず，翌年，カタクリの花を見ることはめったにない．これは，自然の仕組みや保全，あるいは適正利用の考え方が不足していたために，カタクリの花が咲かなかったともいえる．一般に，カタクリの開花は日照量と関係しており，春先，太陽の光が十分に地表面に当たることが重要である．つまり，カタクリの群落を保護することは重要であるが，カタクリの開花を促す陽樹の森そのものを保全することも重要なのである．里山を管理しなければ，常緑広葉樹林が多くなり，太陽の光があまり地表面に達することのない陰樹の森になり，地表面の生物多様性は低下する．一方，里山を適正に管理すれば，落葉広葉樹林の陽樹の森が保全され，地表面には下草や菌類・シダ類，灌木・低木が繁茂し，生物多様性は維持され，カタクリの花が咲く自然も維持される．このように，自然ツーリズムを知ることにより，里山の適正な管理や利用の仕方を体系的に知ることができる．

　自然ツーリズムを学ぶことは，自然と人間の合理的な関係を理解することにもなり，私たちは適切に自然に身をおき，適切に自然と遊び，適切に自然を楽しむことができるようになる．そして，そのような自然を私たちは後世に１つの財産として残していけるようにもなる．本書が自然と人間との関係を再考する契機となり，自然ツーリズムを楽しむ人がさらに増えれば，それは本書の執筆者にとって望外の喜びにもなる．最後になってしまったが，本書『自然ツーリズム学』の出版に当たっては，朝倉書店の編集部，大学などの研究機関，あるいは地域の環境保全に関わる活動団体など多くの人びとの協力があった．ここに記して感謝します．

2015 年 1 月

執筆者を代表して，多摩地域の里山が見える研究室にて

菊　地　俊　夫

目 次

1. **自然ツーリズム学とは何か** …………………………………………… 1
   1.1 自然ツーリズムという用語　1
   1.2 自然ツーリズム学の視点　3
   1.3 自然ツーリズム学の社会的意義と読者に向けて　7

2. **自然ツーリズムの基礎としての地理学** ……………………………… 10
   2.1 自然ツーリズムを学ぶ地理学の視点　10
   2.2 自然ツーリズムを学ぶ地理学のツール　13

3. **自然ツーリズムの基礎としての生態学** ……………………………… 22
   3.1 自然環境を生態学の視点で捉える　22
   3.2 生態学的視点からみた自然環境との関わり方　27
   3.3 持続的な自然ツーリズムを実現するために　30

4. **自然ツーリズムの基礎としての土壌学** ……………………………… 34
   4.1 土の重要性　34
   4.2 自然ツーリズム学の中の土壌学　35
   4.3 土壌の形態　35
   4.4 土壌の多様性　36
   4.5 持続的な自然ツーリズムの実現に向けて　41
   4.6 まとめ　43

5. **自然ツーリズムの基礎としての情報学** ……………………………… 46
   5.1 自然ツーリズムと情報　46
   5.2 旅行の段階ごとの情報とメディア　49
   5.3 スマートフォンによる観光案内を支える測位技術　50
   5.4 さらなる情報の充実に向けて　52

6. エコツーリズムの見方・考え方 ……………………………………57
　6.1　さまざまな自然に関わるツーリズム　57
　6.2　自然保護区におけるエコツーリズムの実践　59
　6.3　おわりに　67

7. ルーラルツーリズムの見方・考え方 ……………………………70
　7.1　ルーラルツーリズムとは　70
　7.2　日本におけるルーラルツーリズムの歩み　70
　7.3　ルーラルツーリズムを眺める　73
　7.4　ルーラルツーリズムを考える　78

8. ジオツーリズムの見方・考え方 …………………………………82
　8.1　ジオツーリズムの背景　82
　8.2　ジオツーリズムとは何か　83
　8.3　ジオツーリズムの実践－ジオパークの取り組み－　84
　8.4　ジオツーリズムの展望　90

9. 世界自然遺産・国立公園におけるツーリズムの見方・考え方 ………93
　9.1　自然公園におけるツーリズム　93
　9.2　日本における国立公園制度　94
　9.3　世界自然遺産制度　96
　9.4　国立公園・世界自然遺産におけるツーリズムのあり方　98
　9.5　自然公園の価値と課題　99

10. 都市域における緑地空間のツーリズムの見方・考え方 …………103
　10.1　都市域における緑地空間　103
　10.2　国分寺崖線における緑地空間の保全と適正管理　104
　10.3　都市域における緑地空間のツーリズムの見方・考え方　112

11. 自然ツーリズムとオーバーユース ………………………………114
　11.1　オーバーユースと適正利用　114
　11.2　適正利用のための制度　115

11.3　研究の動向　118
   11.4　研究者に求められるもの　121

12. 自然ツーリズムと災害−自然災害のリスク管理として ……………………123
   12.1　山岳におけるリスク管理　123
   12.2　平野と海岸におけるリスク管理　128

13. 自然ツーリズムと地域計画・地域づくり ………………………………134
   13.1　地域づくりの考え方　134
   13.2　石垣市白保をめぐる空港建設問題と地域づくり　134
   13.3　「白保村ゆらてぃく憲章」と持続的な資源の管理　138
   13.4　地域づくりの成果を活かしたエコツーリズムの展開　141

14. 自然ツーリズムと環境教育 ………………………………………………146
   14.1　自然環境の総合的理解　146
   14.2　自然環境のシステムと景観の成り立ち　146
   14.3　地球の営みを理解するための環境教育　150
   14.4　学校教育と生涯教育との連携　151

15. 自然ツーリズムと計画システム ………………………………………157
   15.1　自然観光地における計画システム　157
   15.2　計画のための具体的な調査や分析の方法　158

16. 自然ツーリズムの社会的意義と将来的課題
　　−自然ツーリズム先進国ニュージーランドから学ぶこと ……………165
   16.1　自然ツーリズムが目指すもの　165
   16.2　ニュージーランドにおける環境の保全と適正利用の背景と担い手　166
   16.3　ニュージーランドにおけるレンジャー養成機関とそのプログラム　169
   16.4　自然ツーリズムとしてニュージーランドから学ぶこと　170

索　引　172

1 自然ツーリズム学とは何か

1.1 自然ツーリズムという用語

　本書は自然ツーリズムに関する学術書である．日本人には「自然ツーリズム」という用語自体になじみがないであろう．自然ツーリズムの和訳元である nature-based tourism という単語は欧米では広く使用されており，日本では nature-based tourism は自然観光と訳され，研究が進められてきた．しかし，日本における自然観光に関する研究数は 2013 年時点で約 50 件とけっして多くはなく，欧米の約 1200 件と比較するとその差は歴然である[*1]．いかに nature-based tourism に関する研究が日本において貧弱であるかが理解できる．

　本書では自然観光という用語を使わず，自然ツーリズムという言葉を使用していく．自然観光と自然ツーリズムはどちらもそれぞれ 2 つの単語から構成される学術用語である．つまり「自然」という単語と，「観光」もしくは「ツーリズム」という単語からなっている．ここで，それぞれの単語の意味について検討しておきたい．

　自然とは人間の手の加わっていない山や川，草，木などを指す単語として辞書上に記載されている．自然は原生林などのいわゆる原生な環境を意味している．具体的には東南アジアのジャングルや南米のアマゾンなどである．しかし，我々が一般的にイメージする自然というものは，より広い意味をもった言葉であろう．例えば，里山などの人の手が加わった環境も我々，特に日本人は自然として認識することが多い．それはまた，都市の自然，いわゆる都市公園などでも同様で，これらも自然という言葉で認識されている．環境に対する人間の手入れの有無は，一見したところでは判断できないことも多い．つまり，自然とは，人間の手入れの有無よりも視覚的に生物（植物・動物・水・土）などを感じられる感覚的な存在といえる．

[*1]　日本語の研究論文は論文データベース CiNii において「自然観光」または「nature based tourism」というキーワードで論文検索を行った．英語の研究論文は論文データベース Scopus において「nature based tourism」というキーワードで論文検索を行った．

図 1.1　自然ツーリズムの種類

図 1.2　自然ツーリズムの様子（マレーシア）

　観光とツーリズムという単語は似ているようで，少し非なるものである．一般にいわれる観光とは sightseeing の和訳であり，それは見物(けんぶつ)という行為を示していることが多い．一方，ツーリズムは tourism のカタカナ表記である．tourism は人間の周遊移動を示す単語である．すなわち，自分の家（居住地）からある場所（目的地）まで移動し，周遊する過程を示している．そのため，訪問先において観光をしても，ショッピングをしても，友人と談話をしても，それらはすべてツーリズムの一部として捉えられる．そのため，一般にいわれるレクリエーションもツーリズムの一部とみなすことができる．

　以上の自然と観光，およびツーリズムという単語の意味を鑑みると，自然観光とは自然をみるという行為に重きがおかれた用語である．他方，自然ツーリズムとは行為にこだわらず，自然を感じられる地を目的地として移動し，その間に行われる一連の行為すべてを指す用語なのである．つまり，自然ツーリズムとは自然観光をも包含したより広い意味をもっている（図 1.1）．日本および欧米において行われている研究を踏まえると，自然観光よりも幅の広い概念である自然ツーリズムという用語の方が的確である．以上が本書で nature-based tourism の和訳として自然ツーリズムという言葉を使用する理由である．なお，その研究動向や実態については本書を読み進めていけば実感できるであろう．

　自然ツーリズムには多くの形態が含まれる（図 1.2，表 1.1）．本書でも事例編として 6 章でエコツーリズム，7 章でルーラルツーリズム，8 章でジオツーリズム，

表 1.1　自然ツーリズムの主な形態

アドベンチャーツーリズム	adventure tourism
ワイルドライフツーリズム	wildlife tourism
マリンツーリズム	marine tourism
エコツーリズム	ecotourism
国立公園におけるツーリズム	tourism in national parks
ジオツーリズム	geotourism
ルーラルツーリズム	rural tourism

9章で世界遺産と国立公園，10章で都市域の緑地空間が，それぞれ制度，歴史，実際の取り組みなどの視点から紹介，議論されている．自然ツーリズムの形態における共通点は，自然地における観光やレクリエーションなどの行為を目的とすること，および移動を伴っていることである．ただ，行為の対象が自然そのものだけではなく，自然に関わる文化や社会環境なども対象となっていること[*2]にも注意が必要である．それぞれの形態の内容については6章から10章の事例を熟読していただきたい．そのことで，自然ツーリズムについての理解をより深いものにしてほしい．

1.2　自然ツーリズム学の視点

1.2.1　自然ツーリズムと科学の接点

自然ツーリズムをさまざまな科学的視点から捉えることが自然ツーリズム学である．自然ツーリズムと科学が関係を深めることで得られる利点は何であろうか．本章では2つの利点を紹介したい．

まず既存科学の知見を活かした自然ツーリズムの運営面への貢献である．例えば，ある自然地に貴重な動物が生息していたとしよう．その生息と貴重性を観光客に説明する役目は現地のガイドが担うことが多い．そのために彼らガイドは専門家や科学者から貴重な動物に関する最新の情報を得ようと努力している．科学者からの情報の獲得はガイドのインタープリテーション（解説）の幅を広げ，ひいては顧客満足へつながる．一方で，科学者は自身の研究およびその成果を説明するという社会的役割を担っており，その達成先としてガイドへの情報伝達が重

＊2：自然ツーリズムの対象に自然以外の要素をも含むという事実は，自然ツーリズムという用語の拡大解釈につながる危険性もある．現状では少なくとも自然（対象）とツーリズム（移動）の双方の条件を満たした形態が自然ツーリズムである．

要になってくる．これが第1の利点である．

　第2の利点はツーリズムによる自然環境への影響を軽減させることである．自然ツーリズムが自然を対象にした人間の行為である以上，対象となる自然には何かしら影響が生じる．その影響を正確に調査，分析し，考察するということも自然ツーリズム学の重要な視点である．科学者によって自然ツーリズムによるさまざまな影響が明らかにされれば，対象物を持続的に利用するための提案につながる．本書ではどちらかといえばこの第2の利点を重視した内容が多くなっている．

　さて，自然ツーリズム学は既存学問の何学に最も近いであろうか．自然ツーリズム学の定義は，研究対象が自然ツーリズムという現象というだけで，それ以外の定義はない．つまり，対象は1つであるがそのアプローチは無限大に存在する．したがって，どのような学問であっても自然ツーリズム学の一端を担うことができる．逆にいえば，1つの学問領域だけの知識では十分でなく，自然ツーリズム学を学ぶ上では複数の科学的知識や学問領域を理解し，尊重することが必須となる．本書では各学問分野の視点の違いや多様性が理解できるよう極力配慮したつもりである．各々の詳細については各章で論じられるが，以下に既存学問分野と自然ツーリズム学の関係について簡単に触れておく．

1.2.2　観光学的視点から捉えた自然ツーリズム学

　自然ツーリズム学に最も近い，もしくは親戚関係にある既存学問分野は観光学であろう．2000年代になって観光産業の発展が日本でも注目され，その影響を受けて観光学も発展してきた．日本では古くから学術団体もあり，実務者を中心に業界動向や新製品開発，顧客動向などの研究や報告がされてきた．近年では大学に所属する研究者が観光を扱うことも多く，多様な学問的視点による研究発表が行われている．

　日本における観光研究は経済学や経営学で扱われたのが始まりとされている（岡本，2009）．その後，観光学として扱ってきたテーマは，観光の歴史，定義，振興，事業，政策，心理などについてであり，各研究者の視点で観光現象が分析されてきた．一方，欧米の観光研究は，社会学や経営学の視点が割合として高いことや需要と供給に分けて観光を捉えていることなどが特徴となっている（古本・野口，2009）．以上の欧米や日本における研究動向を見渡すと，観光学は経済学，経営学，社会学，心理学などの社会科学を基礎的学問としてきたことがわかる．

　社会科学が基礎となっている観光学と自然ツーリズム学の接点はどこに求めら

1.2　自然ツーリズム学の視点

れるであろうか．以下にいくつかの具体例を示しながら検討する．まず経営学的視点は自然ツーリズム学にも重要な視点となる．自然ツーリズムの目的地およびその周辺には，宿泊業や飲食業などの観光産業で生計をたてている地域もある．自然ツーリズムも多分に経済現象であり，経営の視点を欠くことはできないといえる．なお，経営学的視点については本シリーズ第1巻『観光経営学』でも扱われている．第1巻で述べられる観光市場の把握は自然ツーリズム学においても重要であるし，ICTや交通，旅行，宿泊，外食の各産業は自然ツーリズム学としても学んでおくべき事項である．その他，博物館，集客戦略，顧客満足など研究上参考になる点は多い．

心理学も自然ツーリズム学との密接な接点がある．観光学における心理学では観光客の心理という根本的な課題に取り組むことが多い．例えば，自然地に向かう旅行者の意図などの研究がすでに行われており，習うべきところも多い．さらに，社会学も自然ツーリズム学にとって重要な視点を与えてくれるであろう．自然という言葉の定義でも触れたように，自然を認識するのは人間社会であり，自然の理解は社会的観点からも行われるべきものである．

観光学が社会科学を中心に発展してきたということは，自然科学などの理系の学問領域が観光学に大きく関与してこなかったという事実の裏返しでもある．自然ツーリズム学ではその研究対象として自然自体を取り扱うことも多い．そのため，理系学問の必要性が自ずと高くなる．理系学問の特徴は，各研究目的を達成するための的確なデータの取得と，それらをもとにした分析と考察にある．データを取得し，それをもとに議論をするということは社会科学を中心としたこれまでの観光学でももちろん行われてきたが，その信頼性や分析手法，解釈の仕方にはまだまだ発展の余地があるように思われる．ゆえに，自然ツーリズム学では，取得データや分析方法に基づく新たな知見の提供も期待される．

ただし，同じ理系学問であっても，理学的視点と工学的視点[*3]といった違いが存在する．

1.2.3　理学的視点から捉える自然ツーリズム学

理学的視点の最終目標は真理の追究にある．このことは次項で述べる工学的視

＊3: 理学と工学の区分は厳密に分けられるものではない．この区分は，究極的には研究者個人個人の考えに依拠するものであり，例えば，生態学の研究者すべてが理学的な志向をもっているとはいえない．そのような視点をもった研究者が多い学問分野だと理解してもらいたい．

点と比べればより明確である．真理の追究とはまさに字のごとく物事の真理を追究する，理解するということである．自然ツーリズム学でいえば，自然ツーリズムとは何なのかという根本的課題を解くことと言い換えられる．一般社会では，物事の真理追究に重きをおくということはほとんどないであろう．それは究極的な結果は抽象的になりやすく，社会的な価値を見出しにくいからかもしれない．しかし，理学的視点の物事の根本を知る，理解するという行為は，課題解決の基礎となることも事実である．本書では自然ツーリズム学に関わる理学的視点として地理学，生態学，土壌学の視点を紹介する．なお，情報学は理学的視点と後述する工学的視点の双方の要素をもっている．

2章で扱われる地理学では，基本的に場所，地域，土地といった空間の状態を理解することに主眼がおかれる．自然ツーリズム学として言い換えれば，自然ツーリズムという現象がみられる空間を読み解くという視点である．2章で紹介される地域構造図，分布パターンの地図化，移動ルートの地図化，時間変化の地図化は，土地の形態や住民の生活，観光客の行動などの状態を示す有用な手法である．

3章で紹介される生態学は，自然ツーリズムで観光資源となる自然環境についての理解を助ける視点を提供する．生態学の考え方は，個別の生物そのもののみで自然を捉えることよりも，生物と環境との関係性を捉えることで自然を理解するというものである．3章では生態系についての知識や個体群，群集，生物間相互作用，さらには生物多様性などについての基礎的な知識を得ることができる．自然ツーリズム学では，観光資源についての最も重要な知識である．

4章では土壌学の観点から自然ツーリズム学が紹介される．土壌学も生態学と同様に，自然ツーリズムにおいてはその資源となる自然（ここでは土壌）を扱う学問である．土壌は生態学が扱うものよりも目には見えにくいが自然の根本をなす．そのため土壌学の知識は自然ツーリズムの持続性を検討する上で重要なものとなる．

5章では情報学の視点から自然ツーリズムが論じられる．一般に，自然ツーリズムが実施される自然地は観光客にとって不慣れな土地が多い．そのため，その場所の情報，およびその伝達方法が重要となる．5章ではそれらをウェブサイトの実例と購買行動モデルから検討している．加えて，今日注目されるスマートフォンを利用した観光案内などの可能性と課題も議論される．5章で扱われる情報学は，2章から4章で紹介した視点，および後述する工学的視点との架け橋となり，

まさに自然ツーリズム学の多様性を感じさせる視点でもある．

以上，本書で紹介される既存学問とそれぞれの視点について簡単に紹介した．もちろんこれら以外にも多くの学問分野と視点があり，それらは自然ツーリズム学の発展を手助けするものに違いない．つまりは，上記の学問分野以外への理解も今後必要となってくるであろう．次項ではその一助となる工学的視点について紹介したい．

1.2.4 工学的視点から捉える自然ツーリズム学

理学的視点に対して，工学的視点の特徴は研究や調査の目標の設定自体にある．理学的視点が真理の追究を軸とすることに対して，工学的視点では物事の実現や発明が重要視される．つまり，研究や調査においてもその目標設定がまず重要である．そして，研究ではどんな発明もしくは社会の何の役に立つのかという実学的な説明を求められる．そのため，社会的に理解しやすい学問分野であり，直感的にも納得しやすい．この工学的視点は自然ツーリズム学にも必要な視点といえる．

工学的学問には，例えば建築学，土木工学，機械工学，造園学などがある．本書ではこれらの学問分野からの執筆者はいないが，本シリーズ第3巻『文化ツーリズム学』においてその内容が紹介されている．『文化ツーリズム学』ではその研究対象が文化的な資源，具体的には都市や景観，建築物となることが多い．しかし，それらの視点は対象が自然であっても適用できる内容であり，自然ツーリズム学にも必要な視点である．特に，社会学，人類学，建築学などは自然ツーリズム学にも十分に援用が可能であろう．また，第3巻後半には計画学としての視点も紹介されている．これは計画とツーリズムの歴史的な視点や，利用法，制度を考える上での重要な視点である．

以上の工学的視点は自然ツーリズム学の進展にも寄与するであろう．理学と工学は常に関連しあっている．どちらかが欠けると自然ツーリズム学に代表される複合的学問の未来はないということを常に踏まえる必要がある．

1.3 自然ツーリズム学の社会的意義と読者に向けて

自然ツーリズム学を支える既存学問について総括すると図1.3のようになる．自然ツーリズム学という新しい学問はこれまでの既存学問に支えられることで成立し，かつ発展するものである．なお，自然ツーリズムの性格上，自然ツーリズ

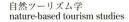

図1.3　自然ツーリズムを支える既存学問

ム学は理学的視点に傾斜しがちであるが，実際には工学的視点も必要とする．

　本書後半の11章から14章（応用編）では，自然ツーリズム学の社会的意義を考え，さまざまなトピックにおける各研究者からの提案や貢献を試みる．自然ツーリズムが対象とする「自然」は痛みやすいものでもある．そこで11章では自然ツーリズムの資源を適正に利用する上での研究者の役割について述べられる．また，自然ツーリズムの参加者は研究者ではなく，一般人である．12章では研究者の知見から自然ツーリズムにおけるリスク管理や私たちに必要な知識・行動が指摘されている．他方，自然ツーリズムを支え，その影響を直接受けるのは当該地域の住民である．13章では地域計画や地域づくりにおける自然ツーリズムの役割が具体例とともに紹介されている．加えて，自然ツーリズムの今後やその持続性を考える上では，環境教育との関係も無視できない．14章では環境教育の課題も指摘しながら，自然ツーリズムの発展につながる教育的視点が紹介されている．自然ツーリズムの持続性を担保するためには，その適切な管理計画が必要となる．15章では，今日の自然観光地における計画と関連する研究の動向が紹介されている．

　本書は「自然ツーリズム学」と題した初めての学術書である．それは自然ツーリズム学という学問が芽生えたばかりであるという証左でもある．本書を執筆する研究者陣も近年になって自然ツーリズム学に携わるようになった者が多い．そういった意味では本書の読者と各研究者における自然ツーリズム学の経験はさほど変わらない．本書を読んでいただければ，不足している学問的視点を多分に感じとるであろう．そういった読者の思いとそれをもとにした学業の実践が，自然ツーリズム学の発展につながる．本書の終章である16章では，これまでの議論を踏まえ，自然ツーリズムの先進国とされるニュージーランドの事例が紹介される．今後，日本の自然ツーリズムの発展を担う本書の読者には，本書の足りないところを意識しながら，是非自然ツーリズム学のフロンティアに挑んでほしい．

[有馬貴之]

文　献

岡本伸之（2009）：観光研究の諸側面とその構造．観光学の基礎：観光学全集第 1 巻（溝尾良隆 編著），原書房．59-80．
岡本伸之編著（2013）：観光経営学，よくわかる観光学 1，朝倉書店．
古本泰之・野口洋平（2009）：観光学の入門書・概論書からみる観光研究の広がり．観光学の基礎：観光学全集第 1 巻（溝尾良隆　編著），原書房．199-218．

2 自然ツーリズムの基礎としての 地理学

2.1 自然ツーリズムを学ぶ地理学の視点

　自然ツーリズム学は地域の自然を中心としたさまざまな環境資源を基盤にした観光形態の1つであり，それを学ぶためには対象となる地域をよく理解しなければならない．地域を読み解く典型的なツールとして地理学があることは周知されており，その方法は大きく2つに分けられる．1つは，地域において興味・関心のある「現象」や「事象」を取り上げ，その現象や事象の秩序や法則性，あるいはそれらの因果関係や形成システムなどを通じて地域の性格を理解する方法である．これは，地形や気候，あるいは人口や農業など1つの特定のテーマを掘り下げて「地（ち）」の「理（ことわり）」を「学（まなぶ）」ものであり，系統地理学的な方法として知られている．系統地理学の方法は地形や植生，あるいは民俗文化など特定の分野に特化したスペシャリストの養成に貢献してきた．

　もう1つの方法は，地域における特定の「現象」や「事象」に興味をもつのでなく，区画した土地や空間としての「地域」に興味をもつもので，地域を構成する自然や文化，および社会や経済などの諸要素をていねいに記載し，それらの記載を総合的に検討して地域の性格や活用の仕方を読み解くものである．これは，「地（ち）」を「誌（しるす）」ことで土地や地域の性格を明らかにするもので，地誌学の方法として周知されている．地誌学の方法は，地域を総合的にみたり考えたり理解したりするため，ジェネラリストの養成に貢献することになる．特に，自然ツーリズムを学ぶための地理学の基礎としては，地誌学の視点がより重要となる．

　地誌学の視点を踏まえて土地や地域の性格を総合的に把握するためには，地域を構成する諸要素を位置（数理位置・関係位置），自然（地形・気候・陸水・土壌・植生），人口（人口属性・人口構成・人口分布・人口移動），歴史，産業（農牧業・工業・商業・流通・交通・通信・観光），生活文化（都市・村落・衣食住），他地域との関連に分け，それらの項目に従って，順次，体系的・網羅的に整理する方法が一般的である（図2.1）．このように，項目ごとに地域を調べて考察する方法

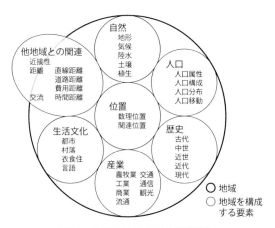

図 2.1 地域と地域を構成する諸要素

は，多くの地誌（風土記や世界地誌，あるいは日本地誌など）や百科事典で採用されており，「静態地誌」と呼ばれる．このような方法は，地域を構成する要素を項目として漏れなく網羅的に調べることができ，地域が異なっても同じ項目で体系的に調べることができるため，地域の比較も容易にできる．しかし，地域を構成する要素が羅列的に説明されることや，地域を構成する要素間の相互関係に基づく性格や特徴が把握しにくいといった問題も少なからず指摘されている．

　地域を構成する要素を項目ごとに記載して地域の性格を明らかにする静態地誌の方法に代わって，特色ある地理的事象や地域の構成要素を中心にして，他の構成要素を関連づけながら地域の性格を考察する方法が求められている．この方法が「動態地誌」と呼ばれるものである．動態地誌は従来の静態地誌の問題点であった総花的で羅列的な記載や分析的でない考察を，あるいはステレオタイプ的な説明を改善するためのフレームワークである．このフレームワークの基本は記載した要素を分析し，その相互関連性に基づいて地域の性格を体系化することにある．地域を構成する要素の相互関連性に基づく整理・記載の方法は，「地域構造図」の分析としても知られている．地域構造図は地域を構成する諸因子や諸要素との相互関係を示すものである（千葉，1972；1973）．地域構造図を作成するためには，対象となる地域の地理的事象の中で特徴的なものや関心のあるものに焦点をしぼり，それに関連した因子や要素を抽出し，それらの相互関係を明らかにすることが必要になる．実際，地域構造図では抽出した因子と要素の関連性や関係順序にしたがって系統的に矢印で結ぶことにより，地域構造図の概念的なフレームワー

2. 自然ツーリズムの基礎としての地理学

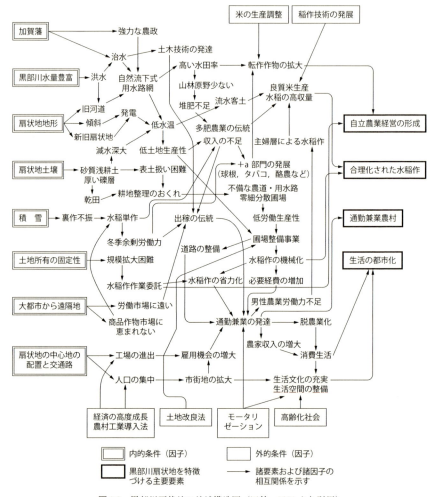

図 2.2　黒部川扇状地の地域構造図（田林，1991 より引用）

クが構築できる．さらに，関連性の強さを矢印の太さで示したり，関係順序を歴史的系列や社会経済的系列，および自然的系列に区分して記述したりするなど，地域構造図をわかりやすくする工夫も必要になる．

　地域構造図の1つの事例として，富山県の黒部川扇状地における農村変化に着目しながら地域の因子と要素の関連性をみてみよう（図2.2）．黒部川扇状地の農村変化は自立農業経営の形成，合理化された水稲作，通勤兼業農村，生活の都市

化の4つの要素で特徴づけられる．地域における内的因子（加賀藩，黒部川水量豊富，扇状地地形，扇状地土壌，積雪，土地所有の固定性，大都市から遠隔地，扇状地の中心地の配置と交通路）が外的因子（米の生産調整，稲作技術の発展，経済の高度成長，農村工業導入法，土地改良法，モータリゼーション，高齢化社会）と関連して順次，地域の構成要素を生み出し，最終的には地域を特徴づける4つの要素に収斂されていく．以上に述べたように，黒部川扇状地の地域の性格は農村変化という地理的事象に焦点をあて，それに関連して自然や社会経済，および歴史的背景や生活文化，他地域との関係を関連づけて体系的に説明することで明らかにされた．このような方法がまさに動態地誌である．

以上に述べてきた動態地誌のアプローチは自然ツーリズムを学ぶために有効である．それは，地域の性格を明らかにする手法がジェネラリストの手法そのものであり，地域を構成する要素や因子がどのように相互に関連して自然ツーリズムに結びつくのかを学ぶことが重要だからである．

2.2　自然ツーリズムを学ぶ地理学のツール

自然ツーリズムを学ぶために役立つ地理学の基礎は，分布パターンを地図化し，さまざまな環境条件と重ねあわせ，照合させながら読み解く方法にある．自然の現象や資源，あるいは施設などの立地や分布を読み解くためのファーストステップとして，それらの地図化が必要であり，セカンドステップとして，地図化した分布パターンの解釈を適切に行うことが必要である．実際，さまざまな現象の分布パターンには静態的なものと動態的なもの，および時間的な変化を示すものとがある．以下では，静態的なものとしてオーストラリアの国立公園の立地を，動態的なものとして水戸偕楽園における観光客の公園利用の動線を，そして時間的な変化を示すものとして国分寺崖線周辺における緑地の変化を取り上げる．それぞれの事例に基づいて，ファーストステップの地図化と，セカンドステップの分布パターンの解釈を説明する．全体的には，分布パターンの解釈が重要であり，分布パターンを適切に把握するためには，先に述べた総合的な知識とジェネラリストの複眼的な視点が必要である．

2.2.1　静態的な現象の分布パターンを読み解く

オーストラリアにおける国立公園と年降水量の分布を図2.3に示した．これによれば，オーストラリアの国立公園は国内に一様に分布しているわけでないこと

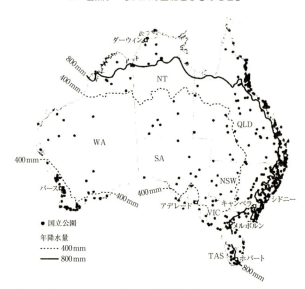

図 2.3 オーストラリアにおける国立公園の分布（New South Wales Government 資料ほかにより作成）

がわかる．オーストラリアの国立公園の多くが東海岸の年降水量 800 mm 以上の地域に集中している．このような地域では，豊かな降水量を反映して多雨林や硬葉樹（ユーカリ）の森林が発達し，森林を基盤にして多様な生物が生息するなど，自然の資源が豊かである．他方，オーストラリアでは人間が居住し快適な生活を送るためには 800 mm 以上の年降水量が必要であるといわれており，そのような地域は森林が発達する大陸の東海岸の一部に限定されている．実際に，オーストラリアの人々の約 90%がこの年降水量 800 mm 以上の湿潤地域に居住している．また，オーストラリアの農牧業の発達にも降水は不可欠であり，年降水量 800 mm 以上の地域は農牧業の立地としても重要である．したがって，オーストラリアの湿潤地域では多くのヨーロッパ人が植民し，土地を開発していったことによって，貴重な自然の資源が多く失われていった．それらの資源を保全するために，国立公園の制度が導入された．国立公園は植民者の居住や農地開発と競合する地域を中心に分布し，オーストラリアにおける自然環境の保全に貢献してきた．

オーストラリアにおける国立公園の制度は，レクリエーションや観光といった利用の側面を強く意識したものとなっている（Hall and Page, 2006）．そのため，

オーストラリアの国立公園の多くは，人間の居住空間と隣接して，あるいはシドニーやブリスベンなどの大都市圏に近接して立地し，より日常性の強い身近なレクリエーション空間として機能してきた．一方，年降水量 400 mm 未満の乾燥地や半乾燥地域では，国立公園の分布は相対的に少なく，概ね一様なパターンになっている（図 2.3）．これらの地域は，水が得にくく，居住や農業には適していない．このような乾燥地や半乾燥地域の国立公園は人間の居住空間からも離れており，利用者にとって湿潤地域に分布する国立公園よりも身近な存在でない．そのため，乾燥地や半乾燥地域の国立公園はまばらに分布し，そこでは日常とは異なる景観に基づいて非日常性の強いレクリエーション空間が形成されている．

以上にみてきたように，静態的な分布パターンを読み解くためには，その分布の絶対的な位置（空間座標的な位置）や単純な粗密を検討するのではなく，土地条件や降水量，人口分布や大都市との近接性などと関連づけながら検討する必要がある．いわば，事象や現象の分布の関係的な位置（何かと関連づけて説明される位置）を明らかにすることが重要である．

2.2.2 動態的な現象の分布パターンを読み解く

動態的な現象の分布パターンとして，春の観梅シーズンの水戸偕楽園における若年世代の観光客の移動ルートを図 2.4 に示す．これによれば，サンプルとなった観光客は園内に入り，すぐに右側の梅林へと移動した．観梅の季節を反映して，観光客は左手の見晴し広場よりも，右手の梅林により魅力を感じたといえる．その後，観光客は梅林内を御成門の方向へ直進し，梅林内から竹林の方向へ移動した．観光客の梅林内の移動ルートにおいて，比較的多くの時間が費やされる場所は東門付近と御成門付近であった．この要因はそれぞれの門の近くに園内の情報を得るための看板や地図などが設置されているためと，門付近では多くの観光客が滞留しており，通り抜けに時間がかかったためであった．一般的には，これらの門付近で長い時間を費

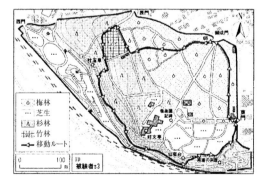

図 2.4 春の水戸偕楽園における若年世代の観光客の移動ルート（対象者への行動調査により作成）
移動ルートの△は一定時間の区切りになっている．

やしがちだったが，総じて多くの観光客は梅園内を一定の速度で移動していた．サンプルとなった観光客も多くの観光客と同様に，梅林内で立ち止まることや，梅林内をくまなく回遊することはなかった．

　若年世代の観光客の移動ルートから考察すると，梅が咲き誇る梅林は風景としてはとてもきれいであり，若者の移動ルートの選択に影響を与えていたことは確かである．しかし，梅林は若者を立ち止まらせ，時間をとってゆっくりと愛でるための観光資源になっていなかったことも事実である．つまり，若年世代の観光客は偕楽園において梅林を観るだけでは満足せず，その後も何かを発見することを期待して園内を散策し続けていた．梅林を出た後，サンプルの観光客は竹林と杉林を通り抜けて，引き返すルートを選択し始め，低地へ降りている．ここまでの時間の使い方も梅園と同様に一様であり，対象の観光客は全体的に万遍なく園内を移動していたことがわかる．対象とした観光客は低地に移動した後，台地に上がり，東門に到着した．この観光客の総移動時間は27分間であった．

　水戸偕楽園における若年世代の観光客の移動ルートの分布パターンにより，梅林が水戸偕楽園における重要な観光資源であることは確認できる．しかし，若年世代の観光客の梅林内における時間の消費の仕方は，梅林に集中することはなく，園内全体で一様なものとなっていた．これは，若年世代の観光客の移動に反映されているように，偕楽園が春の観梅という非日常的な空間だけに依存し，それ以外の魅力が観梅の陰に隠されてしまったためで，偕楽園が観梅以外の観光アトラクションやレクリエーションの魅力を創出する必要があることを示唆している．このように，動態的な現象の分布パターンも，その場所のさまざまな環境条件や資源と関連づけて説明できる．さらに，公園利用や観光行動の動線のように，実際の利用実態が資源立地の局所的な条件や主体の嗜好・心理に関連して空間的に捉えられるという利点もある．

2.2.3　緑地の分布パターンの時間的変化を読み解く

　東京都小金井市南東部の国分寺崖線（連続した段丘崖）における1974年の土地利用を示した図2.5(a)によれば，JR武蔵小金井駅周辺の小金井街道と連雀通りに沿った台地上では宅地が広がり，崖線（段丘崖）の上部（台地）と下部（低地）の地域では宅地と造成地と緑地がモザイク状に入り混じっていることがわかる．また，農家が崖線の下部や上部に，あるいは崖線に点在し，農地は崖線の下部の野川沿いや崖線の上部の台地東部にみられる．東部には野川の北側に都立武

蔵野公園があり，芝生の整備などはまだ完全になされていないものの公園緑地が広がっている．さらに，この地域の西部には後に環境保全緑地に指定される農家の屋敷林や，金蔵院と小金井神社の屋敷林，および小金井第二中学校という公共施設の緑地も分布していた（10.2 節参照）．

1992 年になると（図 2.5(b)），JR 武蔵小金井駅に近い崖線沿いの地域では樹林地や造成地が宅地化の進展によって減少していることがわかる．小金井街道や連雀通り沿いでは，駅への近接性や交通アクセスを反映して，林地や農地などの緑地が宅地や商業施設に転用されている．また，野川沿いの農地も小規模なものは農家の世代交代や相続を契機にして，宅地に転用されている．連雀通り沿いの台地には大型店舗の商業施設も立地し，緑地の減少が決定づけられた．これらのような緑地の減少がみられる一方で，大規模な公園や社寺林には変化がなく，農家も依然として残存している．これらの緑地の残存は，環境保全緑地や生産緑地などの制度によって支えられていた．し

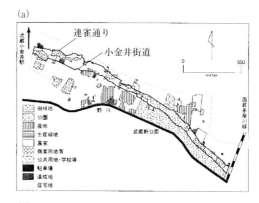

図 2.5 小金井市南東部における国分寺崖線周辺の土地利用
(a) 1974 年（空中写真により作成）
(b) 1992 年（空中写真と都市計画図により作成）
(c) 2006 年（現地調査により作成）

かし，地域内に小規模に分散していた緑地は宅地に転用されていく傾向が強いことも分布図から読み取れる．また，緑地の減少を土地条件と関連づけると，崖線の上部と下部では緑地から都市的土地利用への転換が著しいが，崖線の緑地についてはほとんど変化がみられなかった．つまり，崖の斜面の土地条件が都市的土地利用の侵入を阻んでいたともいえる．

さらに，2006年の土地利用をみると（図2.5 (c)），緑地面積は政策・制度の要因を反映して，1992年からあまり変化していないことがわかる．しかし，小金井街道や連雀通り沿いには中高層のマンションやアパートが建てられ，市街地の都市的土地利用において高層化が始まった．野川沿いの農地は生産緑地に変化したが，一部の地区では農地の造成地化が著しくなった．全体的にみると，緑地面積の減少が抑制されているが，農地以外の緑地では農地の宅地並み課税の影響により都市的土地利用への転換が多くみられた．特に，1992年から2006年における都市的土地利用への転換では，崖線周辺の限られた土地を有効に利用するため，土地の細分化や建築物の高層化が多くみられた．

以上に述べてきた小金井市南東部における緑地の変化をまとめると，宅地化や都市的土地利用がアーバンスプロール的に無秩序に拡大し，緑地は土地条件の悪い斜面と幹線道路の沿線から離れた土地に分散的に分布するにすぎなくなった．野川沿いや西武多摩川線沿いでは，散策のための遊歩道や鉄道の線路が土地開発の緩衝帯になり，都市的土地利用の拡大が抑制され，緑地の大きな変化はみられなかった．1992年から2006年にかけての緑地の変遷をみると，全体としては社寺林と樹林地，および公園緑地に変化がほとんどなく，多くの農地も生産緑地として残っている．さらに，樹林地が残っている場所は市や都によって保全緑地に指定されたもので，それらの効果が景観として現れている．

このように，事象や現象の分布パターンを時間的変化として空間的に読み解くことにも，あるいは時間的変化をもたらす要因を地域的に検討することにも，地域のさまざまな環境条件と関連づけることが必要になる．また，自然の資源に関する分布パターンの時間的な変化を読み解くことにより，それらの変化を促進する要因と，変化を抑制する要因とを明らかにすることができる．それは，自然ツーリズムの目的の1つである環境資源の保全と適正利用を知る手がかりも与えてくれる．

［菊地俊夫］

●環境地図とは

　環境地図は丘・坂・池などの特徴的な地形や動植物などの環境資源，および文化財や寺社，建物などの地域資源を分布図にしたものである．基本的には，環境地図は環境に関する現象や事象，あるいは地域資源を分布図で表現した地図であり，そのスケールは身の回りの地域や市町村レベル（ミクロスケール）を扱ったものから，地方や国レベル，あるいは州・大陸やグローバルレベル（マクロスケール）を扱ったものまである（表 2.1）．

表 2.1　環境地図の事例

ミクロスケール	マクロスケール
身の回りの地域における街路樹の分布（1本1本の街路樹の種類を分布図で示すことで，どのような樹木が多く植栽されているかを知ることができる）	関東地方における雷電神社の分布（「神社名鑑」などの資料を用いて，雷電神社の分布を作成する．雷電神社は雷除けの御利益があり，雷の多い地域に分布することがわかる）
身の回りの地域における死角を探し，地域の危険度マップの作成（街路樹や生け垣，あるいは袋小路などにより発生する死角を分布図として示すことにより，地域の防犯に役立つ）	日本における海開きの月日の分布（どのような地域で海開きが早く，どのような地域で遅いのかを考察する）
市域におけるタンポポの在来種と帰化種の分布（在来種がどのような場所で残っているのか，また帰化種がどのような場所で拡大しているのかを検討することができる）	日本における雑煮の丸餅と角餅の分布（正月のハレの食事である雑煮の餅の形を調べて分布図にする．東日本と西日本の違いとその境界が理解できる）
身の回りの地域の散歩道の施設やアトラクションの分布（図 2.6）	世界における熱帯林の減少率の分布（最近 10 年間における熱帯林の減少率を統計書などで調べて分布図にする．どのような地域で減少が著しいのか，あるいはどのような地域で減少が抑制されているのかを考察する）
市域におけるバスの停留所の分布（バス停の分布から，バス停がどのような場所に多く設置されているのかを検討する）	

●環境地図の作成

　環境や地域資源の地図化の方法では，点・線・面，およびそれらの密度や太さ，濃淡などの表現が用いられている．環境地図の作成方法で最も簡単なものは，環境に関する資源や事象の立地する場所を点で表現するドットマップである．ドットマップの環境地図は，地図化の対象と範囲を決めさえすれば，誰でもわかりやすい分布パターンを簡単に作成することができる．しかし，地図化の範囲が広くなればなるほど，あるいはマクロスケールになればなるほど，ドットマップの作成が難しくなり，分布する点の重なりでパターンがわかりづらくなる．

2. 自然ツーリズムの基礎としての地理学

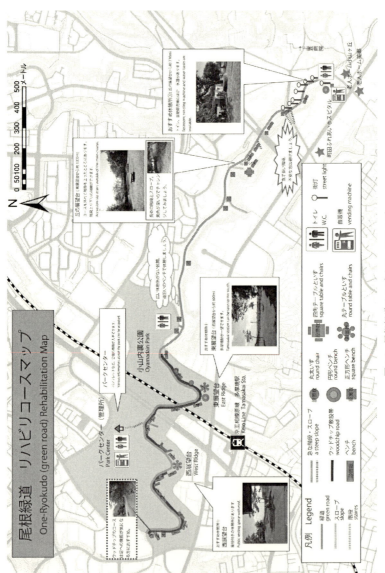

図 2.6 尾根緑道リハビリコースマップ

マクロスケールの環境地図でよく用いられる地図化の方法は，コロプレスマップ（階級区分図）である．コロプレスマップは単位地区（市町村などの行政単位）別に環境資源やその統計量を階級区分して地図化したものである．しかし，コロプレスマップは単位地区の大きさや階級区分の仕方によって地図化された分布パターンの印象が異なるという欠点もある．そのため，メッシュマップのように単位地区を共通にして地図化する工夫も考えられている．

　環境地図を作成するもう1つの方法は，等高線図や等温線図，等時間線図などの等値線図であり，マクロなレベルの環境地図に適している．等値線図は任意の点の環境や地域資源に関する統計量に関して，同じ統計量を線で結んだものであり，線と線の間の空間は同じ統計量を示すという前提で作成されている．しかし，等値線を合理的，客観的に引くことができるかどうかという問題点もある．いずれにしても，環境地図を作成する方法は多様であり，それらの方法は環境地図の対象や範囲に応じて適切なものを選択する必要がある．

文　献

Hall, C.M. and Page, S.J. (2006)：The Geography of Tourism and Recreation：Environment, Place and Space. Routledge.
菊地俊夫・岩田修二 編著（2005）：地図を学ぶ——地図の読み方・作り方・考え方，二宮書店．
田林　明（1991）：扇状地農村の変容と地域構造——富山県黒部川扇状地農村に関する地理学的研究，古今書院．
千葉徳爾（1972, 1973）：地域構造図について（1），（2），（3），（4）．地理，**17**(10)：64-69, **17**(11)：71-76, **17**(12)：60-64, **18**(1)：87-92.

3 自然ツーリズムの基礎としての 生 態 学

　自然環境への悪影響が小さく，強力な経済インセンティブをもたらす観光は地域の自然環境の価値を守るための方法として期待が集まっている．しかし，残された自然生態系の多くはさまざまな脅威にさらされており，不適切な観光開発や管理によって簡単に失われてしまう．そのため，自然環境の観光利用を適切に進めるためには，対象となる自然環境を科学的に捉え，その特性や脆弱性などを適切に把握していくことが求められる．本章では生物学の一分野である生態学に注目し，生態学による自然環境の見方，考え方を解説し，観光を扱う上で有用となりうる生態学のキーワードを紹介する．

3.1　自然環境を生態学の視点で捉える

3.1.1　生態学とは何か？

　生態学（ecology）は生物の生活の法則をその環境との関係で解き明かす科学であり，E. ヘッケルによりその概念が提唱された．生態学では生物個体，個体群（同種の集まり），群集（他種の集まり），景観レベルにおける生命現象が対象となり，その構成システムやパターン，メカニズムについてさまざまな研究がなされている．エコロジーはそもそも生態学を意味する用語だが，一般社会ではエコロジーやエコという言葉は「環境にやさしい」など生態学とは異なる意味をもつ．これは1960年代に始まった環境運動の1つであるエコロジー運動の影響による．

3.1.2　自然環境を捉える

　私たちの周りにある自然環境を生態学的視点で捉えるとどうなるか？　例えば日本では針葉樹林，落葉広葉樹林，常緑広葉樹林や矮性低木林など，さまざまな種類の森林生態系をみることができる．一方，身近なところでは，社寺林や雑木林など，人間活動に組み込まれた森林生態系をみることもできる．このように私たちの周りにはさまざまな生態系がみられる．生態系とはある空間に生息するすべての生物と，生物の生活に関与する無機的環境の要素からなるシステムとされ

る．生態系は要素や機能，さらには利用の現状に応じて異なるが，大きくは自然生態系，人間活動域での生態系に分類することができる．自然生態系では森林生態系，草原生態系などの陸域の生態系，湖沼や河川などの淡水域の生態系，沿岸生態系，サンゴ礁生態系などの海域生態系がある．人間活動域での生態系には都市生態系や農地生態系がある（表3.1）．

私たちの身の回りにある生態系は気候などの地理的要素や人為的な活動の影響を受ける．そのため，多かれ少なかれ，異なったものになる．森林生態系は陸域でみられる典型的な自然生態系の1つであるが，気候や地理的な違いによってその内容は大きく異なる．例えば，日本で世界自然遺産に指定されている小笠原諸島は，亜熱帯地域で比較的降雨量が少ないため乾燥低木の優占する森林生態系が成立する．一方で，屋久島では標高の違いによって亜熱帯多雨林から風衝低木林までさまざまな森林生態系をみることができる．また，屋久島の植物相は本州や九州・沖縄の種と共通し，屋久島を南限または北限とする生物も多く，生物地理学的にユニークである（金谷・吉丸, 2007）．そのため，屋久島は学術的にも特に貴重な生態系として，自然公園，ユネスコエコパーク，世界自然遺産地域などの制度において評価，登録されている．

表3.1　私たちの周りの生態系と観光，レジャー活動の例

生態系	主な生物的要素・生物学的特徴	観光やレジャー活動の例
森林生態系	樹木，森林性動物	トレッキング，森林浴，木登り，昆虫採集
草原生態系	草本（イネ科，カヤツリグサ科，飼料植物）：季節的に乾燥する．人によって管理されている，もしくは人工的に造成されたものを牧草地という	ハイキング，牧場観光，植物観察
湿地生態系	コケ植物，水生生物，渡り鳥などの鳥類：地下水の供給が重要．鳥類の生息地，越冬地あるいは中継地として国際的に重要視されている	トレッキング，バードウォッチング，植物観察
農地生態系	農作物品種，攪乱依存種：水田，農耕地，水路，雑木林	農村観光，果物狩り，ホームステイ
都市生態系	攪乱依存種，外来生物：人間活動が活発でさまざまな物質が集積．人工建築物	町なみ観光，歴史観光，ショッピング，テーマパーク
河川生態系	抽水植物，水生生物：開放性が高く，外部からの影響を受けやすい．洪水や渇水などの攪乱が大きい	川遊び，フィッシング，沢登り，カヌー，ラフティングなど
湖沼生態系	抽水植物，水生生物：閉鎖性水域で流入した物質が蓄積しやすい	フィッシング，遊覧
海洋生態系	さまざまな海洋生物（潮間帯から深海まで）：面積が広く，深度が大きい．海流，潮汐流がある．	海水浴，フィッシング，ダイビング，ホエールウォッチング

a. 世界でみられる自然環境

他方，世界の陸域に目を向ければ，日本ではみることができない森林，低木林，草原，さらにはツンドラ，砂漠などさまざまな生態系がみられる．これらの多様性が生物の多様性をもたらし，さらには観光で利用する観光資源の魅力の源となっている．このような地域によってみられる植生は偶然によって決まるものではなく，大まかには気温，降水量によって決定される．このようにある地域に生息する生物種の集合の単位は生物群系（バイオーム，biome）と呼ばれ，温帯や熱帯などの気候帯によっていくつかのタイプに区分されている（表3.2）．

b. 生態系は変化する

生態系の状態は常に同じではなく，時を経て変化していく．ある一定の場所に存在する生物集団が時間に沿って別の生物集団へと置き換わり，比較的安定な状態へ向かって変化していくことを遷移（succession）と呼び，陸域生態系における植生の変化は生態遷移と呼ばれる．一般的な遷移は植物がない裸地のような場所にコケ植物や草本植物が侵入，定着することから始まり，これらの侵入によって土壌が形成され，多くの草本植物が侵入できるようになる．そして，徐々に低木が侵入し，草地から低木林への移行が起こり，光要求性が高く，明るい場所を好むような高木種（例えばアカマツ）の侵入がみられるようになる．そして，明

表3.2 世界の生物群系とその特徴

生物群系	特　徴
熱帯多雨林	年平均気温が20℃以上で降水量が2000mm以上の地域に発達する森林で，常緑樹が優占し，つる植物やシダ植物が繁茂する
雨緑樹林	年平均気温が18℃以上で降水量が1000～2500mmの地域に発達し，乾季には落葉する
常緑広葉樹林	年平均気温が12～20℃で降水量が1000～3200mmの地域に発達する森林で，照葉樹林ともいわれる
落葉広葉樹林	年平均気温が3～14℃で降水量が500～2800mmの地域に発達する森林で夏緑樹林ともいわれる
針葉樹林	年平均気温が-16～5℃で降水量が200～2000mmの地域に発達する森林である．シベリア地方に発達する針葉樹の森林をタイガという
草原	年平均気温が-3℃以上で降水量が300mm以上の地域に発達する．熱帯や亜熱帯で降水量が比較的多いところに発達する草原がサバンナ（サバナ）で，イネ科植物が優占し，低木などの樹木が点在する．サバンナよりも温度が低く，冬季は寒冷で，降水量も少ないところに発達するのがステップである
ツンドラ	森林限界よりも北にある荒原で，針葉樹は生育できない．コケ類，地衣類がみられる
砂漠	降水量300mm以下の亜熱帯および温帯にできる荒原で，乾荒原ともいわれる．一般に植物は生育しない

るい場所を好む高木が優占する森林に暗い場所を好むような高木種（例えばブナ）が侵入，優占するようになり，極相林と呼ばれる遷移の最終段階になる．

　人間は樹木の伐採や草刈り，野焼き，山焼きや落ち葉かきなどを通して，さまざまな形でこの遷移をコントロールしてきた．里山とは，狭義では薪炭林や農用林を意味するが，集落，農耕地，採草地，雑木林，人里に接した山，あるいはこうした地形において人間の影響を受けた生態系が存在している状態を指す言葉である．このような半自然環境は縄文時代以来，人間活動と密接に関わりながら，地域ごとに独自の発展を遂げてきた．2010年に名古屋で開催された第10回生物多様性条約締約国会議（CBD-COP10）において日本政府はSATOYAMAイニシアティブを掲げ，急速に失われつつある二次的自然環境の重要性を国際的に訴えた．この里山は観光資源としても注目を浴びており，雑木林などの二次的自然環境やそれに関わる伝統的な文化を組み合わせて観光資源として利用するものも多い．

c. 生態系の機能

　生態系はただ存在しているのではなく，システムとしてさまざまな機能をもつ．生態系の構成要素には，太陽光から得たエネルギーを利用して有機物を固定する生産者，それらを餌資源とする，従属栄養生物である消費者，そして死んだ生物を資源として利用する分解者があり，食物連鎖において互いに関係し，依存しあっている．その結果として，生態系はさまざまな生物化学的な循環を通じた調整，生物の生育地，物質の生産などの機能を有し，私たちにさまざまな恵みをもたらす．このような自然の恵みは生態系サービス（ecosystem service）と呼ばれ，大まかに基盤サービス（栄養塩循環や土壌形成など），調整サービス（気候調整や疾病制御など），供給サービス（食料や淡水提供など），文化的サービス（美的景観やレクリエーションなど）に分けられている．生態系サービスの1つである文化的サービスには，生態系との接触から人々が受ける美的，精神的，心理的な便益などが含まれる．レクリエーションや観光により利用される自然環境は，大きな経済的利益をもたらし，多くの国にとって不可欠な資金源となっている．

　Costanzaら（1997）は地球上の生態系を大まかに16種類に分類し，生態系サービスを17種類に整理して，その経済的価値を評価した．その結果，その経済的価値は，アメリカドルで年平均33兆ドル（算出法により振れ幅は16～54兆ドル）にもなることが明らかになった．その後，国際連合の提唱によって2001～2005年に行われたミレニアム生態系評価（Millennium Ecosystem Assessment, MA）

によって地球規模の生態系に関する環境アセスメントが行われた（MA, 2005）．そして，生態系や生態系サービスの変化が人間生活に与える影響を評価するため，それらの現状と動向，未来シナリオ作成，対策選択肢の展望について分析が行われ，対象とした24のサービスのうち15（約60％）が劣化し続ける，もしくは非持続的に使われていることを明らかにした．最近では2010年に生物多様性条約事務局から「生態系と生物多様性の経済学（The Economics of Ecosystems and Biodiversity, TEEB）」の最終報告が提出され，生態系の損失は悪化傾向にあり，今後対策をとらなければ特に貧困層の人々に被害が及ぶことが報告された．また国立公園などの保護地域における設置・管理コストよりも，保護地域がもたらす生態系サービスの価値の方がはるかに大きいことを報告した．

3.1.3 生態系を構成する生物
a. 生物の個体群

　個体群とはある地域に生息する同種生物集団であり，その個体数の変動を個体群動態と呼ぶ．個体群は種の保全問題を捉える場合などに重要な概念となる．生物は潜在的に高い繁殖力をもっており，一般に個体群は指数関数的に成長し，個体数が増えると増加にブレーキがかかり，やがて一定の個体数で安定する．このような変化はロジスティック式によってうまく記述される．一方，現実の個体群は年齢や体の大きさなど，さまざまな性質をもつ個体から構成されており，性質の違いによって振る舞いが異なるため，個体の質の違いを考慮することも重要である．個体群の齢構成やサイズ構成をもとに生存率などを書き込んだ推移行列モデルが生命表であり，これらから個体群の増加率や齢構成の安定性についても検討することができる．この推移行列モデルにより高度な個体群変動予測を行うことが可能になり，生物集団の絶滅について検討する上で用いられている．

　個体群の管理は世界自然遺産に指定されているような地域でも大きな課題の1つとなる．近年，屋久島や知床ではシカやエゾシカの個体数が増え始め，林床植物や樹木に対する食害が深刻化し，森林衰退が問題となっている（湯本・松田，2006）．また，日光国立公園では観光客に対する猿害なども記憶に新しい．人的被害を引き起こすヒグマやツキノワグマの問題もある．多くの場合は，これらの野生生物を狩猟しなくなったことに起因しており，豊かな自然を保全する難しさを象徴している．

b. 生物群集と生物間相互作用

生物は同種だけが集まって生活しているのではなく，他種や物理的環境要因と相互作用をしながら，個体群を維持し，生活している．群集とはある自然界で混じりあっている異種の生物の集まりであり，ある一定区域に生息する生物種をまとめて考えるときにこの概念が用いられる．異なる生物種同士の間にはさまざまな関係性がみられるが，代表的なものとして寄生関係，共生関係，競争関係，捕食関係などがある．これらの関係性は直接的なものだけでなく，第三者を介して作用しあうような間接的相互作用もある．一般に単位空間あたりで出現する生物種数が多ければ多いほど，生態学的に多様であるといえるが，群集の多様性を決定するためにはそれぞれの生物種がどのくらい生息しているかを知ることが重要である．この群集の構成や構造については「種数」と「均等度」という尺度を考慮した指標を用いて表現され，多くの多様度指数が考案されている．

3.2 生態学的視点からみた自然環境との関わり方

3.2.1 生物多様性

生物多様性とは「生物学的多様性（biological diversity）」から作られた造語であり，現在の自然環境問題の重要キーワードとして世界中に普及している．わが国においても2010年に名古屋で開催された第10回生物多様性条約締約国会議（COP10）を機に，多くのメディアを通じて生物多様性という言葉が頻繁に登場するようになった．生物多様性条約（Convention of Biological Diversity）によれば，生物多様性の定義は「すべての生物（陸上生態系，海洋そのほかの水界生態系，これらが複合した生態系その他生息または生育の場のいかんを問わない）の間の変異性をいうものとし，種内の多様性，種間の多様性および生態系の多様性を含む」とされ，3つの階層に分けられている．①種内，すなわち遺伝的多様性は同じ種であっても個体差があること，②種間の多様性とはさまざまな種の生物が存在していること，③生態系の多様性とはさまざまな環境におけるさまざまな生態系が存在することを意味している．このように生物多様性とは遺伝的，生態学的に変異をもつような生物群がさまざまな生態系において存在する状態を指すものである．今日地球上でみられるさまざまな生物は約40億年をかけて育まれた生物進化（と絶滅）の結果であり，生物多様性とは生物が有する多様な歴史を包含するような概念ともいえる．

3.2.2 絶　滅

絶滅とはある生物種が子孫を残さずに滅び去ることである．多くの生物は増殖する能力を有するが，保護区域に生息し，観光資源として特に高い価値を有する野生生物の多くはその絶滅が危惧されている．私たちが生きる現代は第6の大量絶滅期と呼ばれ，現在では年間4万種もの生物が地球上から姿を消しているといわれている．この絶滅速度は白亜紀の終わりに隕石の衝突によって引き起こされた第5の大量絶滅以上といわれており，その深刻さがうかがえる．

a. 生物の絶滅を引き起こす要因

さまざまな要因によって絶滅は起こる．1つ目は人口統計的確率変動であり，出生率，死亡率の不規則な変化によって生じる．特に，少数の個体からなる小さい個体群では，各個体の死亡や雌の減少がその個体群の存続に致命的であるとされ，一般的に30～50個体以下の個体群は偶然によって絶滅してしまう危険性が高い．2つ目は環境確率変動と自然災害であり，天候と生物要因（火事，洪水，台風，土砂崩れ）などの影響である．これらの環境の変動が，どれほど個体群成長率に影響を与えるかが重要であり，個体群成長率の変動が個体群成長率そのものよりも大きくなると絶滅のおそれが増大する．3つ目は遺伝的確率変動であり，遺伝的多様性が失われることによって生じる．一般に遺伝的浮動，同類交配，同系交配などによって遺伝的多様性が喪失すると，近交弱勢による適応能力，生残能力，繁殖能力の低下が起こり，子孫を残すことが難しくなる．遺伝学的な知見が爆発的に蓄積されつつある近年では，絶滅における遺伝的多様性の重要性がますます指摘されるようになった．

このように，生物の個体数を減少させる要因はさまざまであるが，小さく分断化し，孤立した集団になると，近親交配による遺伝的多様性の消失が起こりやすくなる．遺伝的多様性が消失してしまえば，近交弱勢による悪影響が生じやすくなり，個体数はますます減少する．このようなスパイラル（絶滅の渦）に入り込むとその個体群の絶滅リスクは急激に増加する．人間活動による生育地の消滅，減少，劣化は個体数を減少させ，生物を絶滅へと導く最も大きな要因の1つである．汚染は生物濃縮過程を通じた悪影響を引き起こし，また，入植，園芸，農業，養殖，偶発的な輸送などで持ち込まれる外来種や病気なども個体数減少の大きな原因となっている．観光客が多く訪れる国立公園や野生生物保護のためのサンクチュアリ（自然保護区）の多くで絶滅が危惧されるような大型哺乳類などが生息するが，このような地域は，絶滅危惧の生物が著しく減少した後に指定されるこ

とが多い．また，このような保護区域外に生息する個体は保護されないため，域内ではすでに減少してしまった絶滅危惧種や希少種の保全における問題と対策を考えることが必要である．

3.2.3 自然環境の保全を考える
a. レッドカテゴリーとレッドリスト

対象地域に生息する生物がどのくらい絶滅しやすいかを理解することは自然環境を観光資源として利用する上で不可欠である．レッドデータブックは現在，絶滅のおそれのある野生生物について記載したデータブックである．1966年にIUCN（国際自然保護連合，International Union for Conservation of Nature and Natural Resources）が中心となって作成され，現在は各国，地方自治体や団体などによってもこれに準じるものが多数作成されている（矢原・川窪，2002）．

IUCNレッドカテゴリーは絶滅のおそれがある生物をリストアップするために作られ，絶滅のリスクに応じてそれぞれのカテゴリーに分類される．どのカテゴリーに属するかは集団サイズの観察値または予想値，生息域・分布域，個体数，推定個体数，量的分析による野生での絶滅確率からなる5つのクライテリア（基準）をもとに決められる．そのカテゴリーにおけるクライテリアのうち1つでも満たしていれば，該当するクライテリアとして判断され，例えば対象種の成熟個体数が250未満である場合には絶滅危惧IA類（CR）として，また2500未満である場合には絶滅危惧IB類（EN）として判断される．

絶滅のおそれのある野生生物が掲載されたリストはレッドリストの名で呼ばれている．IUCN以外に所管政府機関（日本では環境省）や地方自治体（日本では主に都道府県），学術団体（日本自然保護協会，日本哺乳類学会など）などによっても，同様のリストが独自に作成されている．これらの多くは，IUCN版のカテゴリーに準拠した形で作られているが，クライテリアを規定する地理的範囲が異なるため，同一種においても，これらのレッドリストの間でカテゴリーが異なることは普通である．例えば，トキ（*Nipponia nippon*）はIUCNレッドリストでは絶滅危惧IB類（EN）であるが，環境省レッドリストでは野生絶滅（EW）である．

b. 絶滅を回避するために

個体群動態に関する情報が得られれば，個体群を維持するために必要な個体数，すなわち天災や環境変動などによって個体数が変動しても，個体群が絶滅するこ

となく長期間存続できる最小の個体数を算出することもできる．一般に陸上の脊椎動物についていえば，近交弱勢や遺伝的多様性を考慮しない場合，最小存続可能個体数は平均500～1000個体といわれる．また，集団遺伝学的に関する知見から経験的に50/500則が導かれた．この50（個体）とは近親交配による遺伝的多様性の低下を低く抑えるための個体数の目安であり，500（個体）とは遺伝的浮動を防ぐためと，進化していくために十分な個体数の目安である．ただし，実際の個体数ではないため，生息地において保全を行うには注意が必要である．

保護地域として指定された場所の多くは生息地の縮小や断片化が起きていることが多い．生息地の断片化とは生息地が2つ以上の断片に分断される過程であり，エッジ効果（コラム参照）の影響を通じて種の分散や定着が阻害されたり，生物の移動能力が減少したりする．そのため，広い生育面積が必要な大型動物などが生息する場合には，エッジ効果をできるだけ少なくするために大型の保護区を作ることが望ましい．一方で，遺伝的多様性を維持するためには小さい面積の保護区を複数残した方がよいケースがある．

3.3 持続的な自然ツーリズムを実現するために

観光を通じて地域の自然環境の価値を守るためには，その自然環境がどのようなものなのかを理解することが不可欠である．生態学は自然環境を科学的に理解するための方法論の1つであり，うまく活用すれば保全や管理に必要な知見を提供することができる．例えば地域の自然環境が将来どのような要因によって，どのように変動するのかを予測し，不適切な観光利用がもたらす自然環境の劣化や生物の絶滅を避けることができるだろう．一方，観光の魅力の原点である自然環境の多様性，すなわち世界中でみられる多様な生態系や生物は地球上のさまざまな物理環境や進化の歴史を反映している．生態学は対象となる自然環境の構造や機能，動きを捉え，その固有性や価値を理解するのに役立ち，得られた知見は観光地の魅力を高める素材となるに違いない．観光地の魅力を新鮮に保つために，常に蓄積されている生態学的知見を観光の現場で活用していくことが重要である．

［沼田真也］

●屋久島の自然環境

屋久島はその豊かな自然環境によって世界自然遺産に指定されているが,屋久島のどのような自然環境が評価されているのであろうか.世界自然遺産の登録においては,以下のような特徴に基づいて,屋久島は自然美(登録基準7)と生態系(登録基準9)についてその価値が認められた(UNESCO World

図3.1 屋久島の自然(2009年9月撮影)
(a)は樹齢が3000年とも推定されている紀元杉.(b)は屋久島のヤクスギ林の様子(ヤクスギランド),野生動物(ヤクシカ,ヤクザル)と環境省屋久島世界遺産センター.

Heritage Centre).
- 中心部に宮之浦岳などの高峰を有する山岳島である.
- 動植物の移行帯に位置するため, 生物地理的に特異な環境下にある. 多くの固有植物や, 屋久島を北限・南限とする種が生息している.
- 年降水量1万mmにも達し, ヤクスギなどの特徴的な森林生態系が成立している. うち, 樹齢数千年, 直径3～5mにも達するヤクスギが生育し, 老齢の巨樹は観光資源として貴重である
- 海岸付近に分布するガジュマル, アコウなどの亜熱帯植物から, タブ, シイ, カシなどからなる照葉樹林, ヤクスギ林, 針広混交林, さらにヤクザサ, シャクナゲなどの亜高山帯まで植生の垂直分布がみられる.

●遺伝的多様性と変異

遺伝的多様性とは同じ種でも生息地の隔離などによって（同所的種分化のような場合もある）, それらの個体群の間で遺伝的な違いを有することで生物多様性を構成する要素の1つである. 遺伝的変異とはその種を構成する個体の間にみられる遺伝的な差異であり, さまざまな要因によって変化するが, 主な変化として次の3つがあげられる. 1つ目は遺伝的浮動と呼ばれるもので, 個体数の少ない集団内で, ある形質が適応とは関係なく普遍化したり消失したりすることである. 遺伝的浮動は小規模な交配集団の遺伝子頻度に特に大きな影響をもたらし, 一般に変異を小さくする効果がある. 2つ目は突然変異であり, 遺伝子変異や染色体突然変異などがある. この突然変異は変異を大きくする効果がある. 3つ目は移住であり, 集団間を個体あるいは対立遺伝子が移動することである. 植物の場合は花粉散布と種子散布によってなされる. 一般に移住によって, 変異は大きくなる.

遺伝的多様性は集団の存続に影響を与える. 遺伝的変異が失われると, 遺伝的に近縁な個体の間で近親交配がなされ, 有害遺伝子の発現によって適応度の低下をもたらす近交弱性が発生しやすくなる.

●エッジ効果とSLOSS問題

エッジ効果とは生育地のエッジ（縁, 境界部分）が外部の環境によって影響を受けることをいう. エッジでは生育地外に生息する生物が出現したり, 温度, 湿度, 光環境などが生息地の中心部とは異なったりする. 有名な研究例をあげると, ブラジルで行われているThe Biological Dynamics of Forest Fragments Projectでは, さまざまな生物におけるエッジ効果や分断化の影響を詳細に検討している.

一方でSLOSS（single large or several small）問題とは, 国立公園など保護区を設定するときに, サイズや数に関してどのような基準を用いて決め

ればよいのかという論争である．島の生物地理学から発展した平衡理論に従えば，できるだけ単一の大きな面積を残すのがよいという結論になりそうだが，例外が見つかったため，今日でも多くの議論がある．

文　献

日本生態学会編（2004）：生態学入門，東京化学同人．

金谷整一・吉丸博志（2007）：屋久島の森のすがた——「生命の島」の森林生態学，文一総合出版．

Costanza, R., d'Arge, R., de Groot, R., Farber, S., Grasso, M., Hannon, B., Naeem, S., Limburg, K., Paruelo, J., O'Neill, R.V. (1997): The value of the world's ecosystem services and natural capital. *Nature*, **387**: 253-260.

湯本貴和・松田裕之（2006）：世界遺産をシカが喰う——シカと森の生態学，文一総合出版．

Millennium Ecosystem Assessment (2005): Ecosystems and Human Well-being: Synthesis, Island Press, Washington, D.C.

矢原徹一・川窪伸光（2002）：保全と復元の生物学——野生生物を救う科学的思考，文一総合出版．

4 自然ツーリズムの基礎としての 土 壌 学

筆者の好きな映画に「天空の城ラピュタ」がある．その中に「（人は）土から離れては生きられないのよ」というセリフがある．これは自然を含め万物の根源が土であることを端的に表現している．では，なぜ土がそれほど重要なのだろうか．それは，簡単にいえば土が存在しなければ植物は生存できず，また植物が存在しなければ動物も生存できないためである．つまり，自然ツーリズムでは観光の対象は自然であるが，その自然も土なくしては成立しえないということである．

4.1 土の重要性

なぜ土が存在しなければ，植物は生存できないのであろうか．ここでは，石（岩が小さくなったもので土が生成される前の物質）と土を比較しながら説明を試みたい．まず，石と土を別々の容器に入れ，そこに植物の種を蒔いたとしよう．土が充填された容器では種が発芽しすくすくと成長するのに対して，石が充填された容器ではどうだろうか．正解は「何も起こらない（非常に高い確率で種は発芽しない）」である．これは，種の発芽には水分が必要であるが，石には種に水分を供給する機能がなく，土にはその機能があるためである（土壌の水分供給能）．それではなぜ土にだけそのような機能があるのだろうか．それは，土が多孔質で，その孔隙に水を貯めることができるためである．では，今度は石を細かく砕いて砂（土壌学では直径が 0.02〜2 mm の粒子と定義される）を作り，それを充填した容器に種を蒔いたらどうだろうか．その場合は，砂と砂の間の孔隙に水が貯まるようになり，種は高い確率で発芽できるようになるだろう．しかし，そのまますくすく成長するかというとそうではなく，間違いなくすぐに枯れてしまう．この理由は，石やそれを砕いた砂には土のように植物に必要な栄養分を供給する機能（土壌の養分供給能）がないためである．また，ここでは詳しく述べないが，植物がすくすくと成長するためには，土壌の物理的支持能（植物が倒れないように支える機能）も必要不可欠である．つまり，植物は水分供給能，養分供給能，物理的支持能を有する培地でしか生存できないことから，土が存在しなければ生存できないわけである（注釈：ここでは水，養分，物理的基盤を人工的に供給し

ている植物工場は対象としていない).

4.2　自然ツーリズム学の中の土壌学

　土壌学とは，簡単にいえば土壌の成り立ち（どのように土壌が生成し，その結果としてどこにどのような性質をもつ土壌が分布するか）や働き（各種機能）を科学する学問である．自然ツーリズム学の中では，3章の生態学が自然の上半分（植物・動物）を対象としているのに対して，それを育む下半分（土）を対象としているといえるかもしれない．また，土壌は気候，母材（土壌になる前の岩や火山噴出物など），地形，生物（植物・動物），時間，人為（これら6つを土壌生成因子と呼ぶ）の結果として生成することから，土壌学は3章の生態学だけでなく，2章の地理学とも密接に関係している．

4.3　土壌の形態

　ここでは土壌の「顔」を紹介したい．生物活動が許容される気候下の陸域で，ある地形的な位置を占める岩や火山灰など（母材）がある程度以上の時間を経ると図4.1のような土壌へと変化する．図4.1は，深さ1.5 mの穴を掘り，その穴の側面（土壌断面と呼ぶ）を撮影したものであり，これが土壌の「顔」である．土壌学では，この「顔」の形態的特徴と実験室での分析により得られる物理・化学的データから土壌を分類している．まず「顔」をご覧いただくと，いくつかの層に分かれていることがわかるだろう．土壌学では一番地面に近い鉱物を含まない植物遺体（落葉・落枝）や動物遺体が堆積した有機質な層をO層と呼んでいる．ただし，この層は畑では耕起により下層と混和されてしまうため，みることができない．次に，O層の下にある（畑では一番地面に近いところにある）黒っぽい層がA層である．この層はO層もしくは地面から植物や動物の遺体が供給されるため，有機物に富み，その結果もともとの母材よりも黒く変色

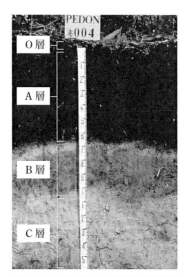

図4.1　アンドソルの土壌断面（黒く厚いA層が特徴的である）

口絵1参照

している．この有機物に富むA層が主に土壌の
水分供給能と養分供給能，また一部物理的支持能
を担っており，土壌では最も重要な層である．一
般的な「顔」では，A層の下にB層，すなわち
さまざまな土壌生成作用を受けた結果その土壌の
形態的特徴を最もよく表している層が存在する．
B層は例えば土色が特徴的であったり，粘土（土
壌学では直径が 0.002 mm 未満の粒子と定義され
る）の量が他の層に比べて多かったり，特定の物
質が集積したりしており，最も土壌の「顔立ち」
を決定しているものである．このB層は，主に
物理的支持能，また場合により一部の水分供給能
と養分供給能を担っている．B層の下には，母材
である岩や火山灰などが多少風化したC層があ
る．このほかにも，何らかの要因で土壌の色が漂
白されたE層（図 4.2 参照：O層は薄いため図中
では省略した）などが存在しうる．

図 4.2　E層をもつアクリソルの土壌断面（BE層はB層とE層の，またBC層はB層とC層の中間的な性質をもつ層であり，Bt層は粘土が集積したB層）

口絵1参照

4.4　土壌の多様性

　4.2 節で土壌は気候，母材，地形，生物，時間，人為の結果として生成すると述べた．それでは，世界には何種類の土壌が存在するのであろうか．細かく分ければ，それは非常に数が多いが，ここでは世界土壌資源照合基準（World Reference Base for Soil Resources）の分類に従って，国際食糧農業協会（2002）を参考に 30 の土壌を簡単に紹介したい（表 4.1）．

　まず，他の 5 つの土壌生成因子に比べて 1 つの因子に強く影響を受けて生成する"特殊"な土壌を紹介する．

・アンドソル（Andosols, 図 4.1）：母材が火山噴出物の場所で生成する黒味が強く厚いA層をもつ比較的若い土壌である．世界の陸地面積の 1% 弱を占めるにすぎないが，火山の多い日本では火山の東側でよくみられ，国土の約 1/6 を占める．名前は色の黒さを表す日本語の暗（アン）と土（ド）に由来するとされている．

4.4 土壌の多様性

表4.1 各土壌の主要な生成因子とその特徴（国際食糧農業協会（2002）を参考に筆者作成）

土壌名	面積(億ha)	気候	母材	地形	生物	時間	備考
アクリソル	10	熱帯の湿潤地	更新世もしくはそれより古く、酸性岩が多い	安定した場所		長い	
アルベルビソル	3.2	冷温帯、亜寒帯の湿潤地		比較的安定した場所	針葉樹	比較的短い	
アリソル	1	熱帯の湿潤地	塩基性岩でないもの火山噴出物				
アンドソル	1.1						
アンソロソル	–						人為影響大
アレノソル	9	砂漠などの乾燥地、半乾燥地	風成などの粒度の粗い堆積物				
カルシソル	8		母材が比較的新しい、もしくは斜面地などの気温が低いため土壌生成が進みにくい場所	山麓などの緩斜面など			
カンビソル	15						
チェルノーゼム	2.3	冷温帯や亜寒帯の半乾燥地	レス		高茎イネ科草本、モグラ		レプトソルやレゴソルよりも土壌生成作用を受けている
クリオソル	17.7	亜寒帯、寒帯の湿潤地(多雨地域)、乾燥地		場合により平坦地や緩傾斜地			永久凍土
デュリソル	–						
フェラルソル	7.5	熱帯の湿潤地(多雨地域)		安定した場所		長い	
フルビソル	3.5		河川成の沖積堆積物	三角州		比較的短い	
グライソル	7.2			谷部や凹地で地下水位の高い場所			
ジプシソル	0.9	砂漠などの乾燥地					
ヒストソル	2.75	気温が低いもしくは熱帯や亜熱帯の湿潤地	更新世以降で土壌生成が進みにくい場所や以前の地表、海岸沿いの低地で停滞水により有機物の分解が制限される場所				カルシソルよりも乾燥した場所に多い
カスタノーゼム	4.65	温帯の半乾燥地	レス		短茎イネ科草本、モグラ		チェルノーゼムよりも温暖で乾燥した条件
レプトソル	16.55	丘陵地の頂部や急傾斜地や湿潤地(過去)、季節性の低い熱帯や湿潤温帯(現在)					カンビソルよりも若い土壌
リキソル	4.35	熱帯や温暖で湿潤もしくは熱帯や湿潤温帯(現在)	更新世あるいはそれ以前の地表に風成塵が付加した場所	比較的安定した場所			
ルビソル	6.5	乾季のある熱帯	中性～塩基性岩、火山灰				
ニティソル	2	熱帯の湿潤地					
ファエオゼム	1.9	温帯の半湿潤地	レス	季節的に水が停滞する平坦な地形	ミミズ、モグラ		強く土壌生成作用を受けているが、フェラルソルほどは受けていない
プラノソル	1.3	乾季のある気候					
プリンソソル	0.6	熱帯の湿潤地(過去)、熱帯の半乾燥地から湿潤地まで(現在)		過去に鉄が溶けた地下水や停滞水の影響を受けた場所			過去よりも乾燥している場所
ポドゾル	4.85	冷温帯、亜寒帯の湿潤地	粒度が粗い		ヒース、針葉樹林	非常に短い	未熟土
レゴソル	2.6						
ソロンチャック	2.6～3.4	乾燥地、半乾燥地	ナトリウム濃度が高い	地下水の塩濃度が高い場所			時に人の灌漑などでも生成
ソロネッツ	1.35	半乾燥地					
アンブリソル	1	温帯の湿潤地	塩基性	山岳地で滞水しない場所			アルカリ性
バーティソル	3.35	乾季のある熱帯や亜熱帯		平坦な場所			

37

- アンスロソル（Anthrosols）：人為の影響（表層土の除去や攪乱，切り盛り，有機物の多量付加，長期にわたる灌漑など）を強く受けた結果生成した土壌であり，その分布は人間の生活圏に限られる．アンスロソルの性質は受けた人為の影響により大きく異なる．
- アレノソル（Arenosols）：母材が粒度の粗い堆積物の場所で生成する．砂質で厚いB層をもつ土壌である．
- カルシソル（Calcisols）：乾燥地や半乾燥地で排水のよい山麓の緩傾斜地などに生成する．土壌断面内に炭酸カルシウムが集積したB層をもつ土壌である．
- クリオソル（Cryosols）：深さ1m以内に永久凍土をもつ土壌で，亜寒帯から寒帯，高山帯で生成する．
- フルビソル（Fluvisols）：主に河川成の沖積堆積物の上に生成する比較的若い土壌である．日本では伝統的に水田として利用されている．
- グライソル（Gleysols）：谷部や凹地などの地下水位が高く，常時もしくは一時的に過湿な条件になる場所で生成する土壌である．鉄が還元されることにより特徴的な灰色のB層をもつ場合が多い．
- ジプシソル（Gypsisols）：砂漠などの乾燥地で生成する土壌であり，土壌断面内に石膏が集積したB層をもつ．通常カルシソルよりも乾燥が強い場所に分布している．
- ヒストソル（Histosols）：分解途中の有機物が厚く積もった土壌であり，主に低い気温もしくは河川，湖沼，海岸沿いの低地で停滞水により有機物の分解が抑制される条件の場所で生成する．ヒストソルは炭素貯留量が非常に多いため，管理を誤ると多量の温室効果ガスが大気に放出されてしまう．
- レプトソル（Leptosols）：後述のレゴソルより母材が土壌生成作用を受けているものの，カンビソルよりは土壌生成作用を受けていない非常に浅い（A層やB層が薄い）土壌である．主に丘陵地の頂部や急傾斜地といった風化が進みにくい場所もしくは母材が新しい場所で生成する．
- レゴソル（Regosols）：母材が土壌生成作用をほとんど受けていない未熟土である．

また，レゴソルやレプトソルよりも土壌生成作用を受けているものの，他の土壌に分類されるほどには土壌生成作用を受けていない土壌がカンビソルである．

- カンビソル（Cambisols）：斜面地か気温が低いため土壌生成が進みにくいもし

くは母材が比較的新しい場所で生成する土壌である．土壌生成速度が速い熱帯の湿潤地（気温が高く，雨も多い）ではほとんどみられない．

次に，2つの土壌生成因子に強く影響を受けて生成する土壌を3グループに分けて紹介したい．第1のグループは，気候と地形もしくは気候と母材の影響により強度に土壌生成作用を受けた土壌である．

- アクリソル（Acrisols，図 4.2）：熱帯の湿潤地で母材（酸性岩が多い）が更新世もしくはそれより古く，しかも地形が安定した場所（つまり土壌生成作用を受ける時間が長い場所）で生成する土壌である．カルシウムやマグネシウムなどの養分量が少なく，B層は強酸性であることが多い．
- アリソル（Alisols）：熱帯の湿潤地で比較的安定した地形面において生成するアルミニウムイオンに富む土壌である（母材は塩基性岩であることが多い）．アリソルでは高いアルミニウムイオン濃度が植物の生育を制限する場合がある．
- フェラルソル（Ferralsols）：熱帯の多雨地域で地形が安定している場所に生成する深い（B層が厚い）土壌である．フェラルソルは最も土壌生成作用を強く受けているため養分供給能は低いが，水分供給能および物理的支持能は高い．
- ニティソル（Nitisols）：熱帯の湿潤地で母材が火山灰や中性〜塩基性の場所に生成する粘土質の深い土壌である．土壌生成作用を強く受けた土壌の1つであるが，フェラルソルほどは受けていない．

第2のグループとして，気候と地形の影響を強く受けて生成する土壌を紹介する．

- デュリソル（Durisols）：乾燥地や半乾燥地で地形が平坦もしくは緩傾斜の場所に生成する土壌であり，デュリパンと呼ばれるケイ酸塩により土壌粒子が接着された堅い層を土壌断面内にもつ．
- ルビソル（Luvisols）：乾季のある温帯の比較的安定した地形面で生成するカルシウムやマグネシウムなどの養分を多く含む土壌である．
- プラノソル（Planosols）：乾季のある気候下で季節的に水が停滞する平坦な地形において生成する土壌であり，断面内に漂白されたE層をもつ．
- プリンソソル（Plinthosols）：過去に熱帯の湿潤地で鉄が溶けた地下水や停滞水の影響を受け，その後乾燥化した場所に生成する土壌である．土壌断面内に

空気にさらされると不可逆的に硬化する斑紋層をもつ．

・ソロンチャック（Solonchaks）：乾燥地や半乾燥地で地下水の塩濃度が高い場所に生成する塩類が集積した土壌である．一般にソロンチャックの上では高い塩濃度により好塩性あるいは耐塩性を有する植物が優占する．
・アンブリソル（Umbrisols）：冷温帯や亜寒帯の湿潤地に位置する山地で排水が良好な場所に生成する酸性の土壌であり，有機物に富む暗色のA層をもつ．

第3のグループとして，気候と母材の影響を強く受けて生成する土壌を紹介する．

・アルベルビソル（Albeluvisols）：冷温帯や亜寒帯の湿潤地で植生が森林である場所に生成する酸性の土壌であり，粘土に富むB層に舌状侵入したE層をもつ．
・リキシソル（Lixisols）：過去に熱帯や暖温帯の湿潤地であった場所（現在は季節性のある熱帯や暖温帯）でかつ更新世もしくはそれ以前の地表に風成塵が付加した場所に生成する土壌である．風成塵を多く含むことから，カルシウムやマグネシウムなどの養分量は比較的多い．
・ソロネッツ（Solonetz）：半乾燥地で塩濃度の高い母材の上に生成する粘土が集積したナトリウムに富むアルカリ性（pHが高い）の土壌である．その性質ゆえ，ソロネッツの上では特徴的な植物がみられる．

最後に，3つ以上の土壌生成因子の影響を強く受けて生成する土壌を紹介する．

・チェルノーゼム（Chernozems）：冷温帯や亜寒帯の半乾燥地でレスの堆積した場所に生成する．非常に有機物に富む黒色の厚いA層をもつ土壌であるが，生物として短茎もしくは高茎イネ科草本およびモグラ（土壌の攪乱）の影響を受けている．世界で最も肥沃な土壌の1つである．
・カスタノーゼム（Kastanozems）：温帯の半乾燥地でレスの堆積した場所に生成する．有機物に富む暗褐色の厚い（チェルノーゼムよりは薄い）A層をもつ土壌であるが，生物として短茎イネ科草本およびモグラの影響も受けている．この土壌は一般にチェルノーゼムよりも温暖で乾燥した場所で生成する．
・ファエオゼム（Phaeozems）：温帯の半湿潤地でレスの堆積した場所に生成する．有機物に富む暗色（チェルノーゼムより黒味が弱い）の厚いA層をもつ土壌であるが，生物としてミミズやモグラの影響を受けている．この土壌は一般にチェルノーゼムよりも湿潤な場所で生成する．

- ポドゾル（Podzols）：冷温帯や亜寒帯もしくは高山帯で母材の粒度が粗い場所に生成する土壌であるが，生物としてヒースや針葉樹林の影響を受けている場合が多い．土壌断面内に漂白されたE層とその下にE層から溶脱した有機物や鉄・アルミニウムが集積したB層をもつことが特徴である．
- バーティソル（Vertisols）：乾季のある熱帯や亜熱帯で母材が塩基性かつ地形が平坦な場所に生成する膨潤性粘土鉱物を多く含む土壌である．A層は厚く黒味も強いが，有機物含量はそれほど高くはない．また，膨潤性粘土鉱物の性質により乾燥すると大きくひび割れ，水分を多く含むと非常に粘着質になることから，扱いにくい土壌の1つである．

4.5 持続的な自然ツーリズムの実現に向けて

前節では多様な土壌について紹介した．それでは，この分類が何の役に立つのであろうか．もちろんある場所の自然を理解するためには，それを育む土壌を理解する必要があるが，自然ツーリズム学において特に土壌学が貢献できる分野は自然ツーリズムの持続性の評価と改善策の提案であろう．

例えば，ここにアクリソルとニティソルの上に成立している熱帯雨林があったとしよう．観光地化する場合，どちらの土壌に成立している熱帯雨林を開発する方が持続的であろうか．一般に，アクリソルはA層が薄くB層のpHが強酸性であるため，植物は根を地中深くに伸ばすことができず板根を形成する（つまり土壌の水分供給能，養分供給能，物理的支持能が低い）．このような土壌は攪乱に対して非常に脆弱であり，観光地化した場合も他の土壌に比べて持続性は低い．それに対してニティソルは，土壌中の有機物量がアクリソルよりも多いため養分供給能が高く，また厚いB層のpHも低くないため植物根も土壌中に伸長しやすい（つまり物理的支持能が高い）．よって，観光地化した場合にはアクリソルに比べはるかに持続性が高いと考えられる．

4.2節で土壌学は土壌の成り立ちと各種機能を科学する学問であると述べた．ここでは，筆者らの研究を紹介しつつ，土壌の各種機能を評価することがどのように自然ツーリズムの持続性の評価や改善策の提案につながるかを解説する．

4.5.1 事例1：中国内モンゴル自治区での草原観光

内モンゴル自治区では近年急激に草原観光が盛んになっており，観光地の持続性が危ぶまれている．そこで筆者らは,大規模な観光地（観光客数が年間10万人）

と小規模な観光地（観光客数が年間1万人）を対象に，観光活動が草原植生および土壌に与える影響を調査した．その結果，大規模な観光地では観光客の通り道や活動場所で植生が顕著に減少し，土壌も踏圧により硬くなるとともに土壌中の有機物が減少することで，結果として土壌の水分供給能および養分供給能が低下した．これに対して，小規模な観光地では3年間の観光利用であれば土壌の水分供給能および養分供給能がほとんど低下しないことが明らかになった（斯日古楞ら，2013）．よって，持続的な草原観光を実現するためには，観光地をむやみに大規模化せず，観光客が立ち入る場所も3年ごとに変更することが有効であることがわかった．

4.5.2　事例2：マレーシアの国立公園での熱帯林観光

自然ツーリズムの観光地ではしばしば自然観察路の劣化が問題となる（例：屋久島）．筆者らは，マレーシア・エンダウロンピン国立公園の熱帯雨林に設けられた自然観察路の持続性を評価した．その結果，降雨の多い（年降水量が3500 mmにも達する）エンダウロンピン国立公園では何の対策も施さなかった場合に観察路の劣化が急速に進むことがわかった．これに対して，観察路に直径1～2 cmの礫（土壌学では2 mm以上の粒子を指す）を敷き詰めた場合には，観察路の劣化を90％程度抑制できることが明らかとなった．よって，エンダウロンピン国立公園では，直径1～2 cmの礫を敷き詰めるという安価な方法で自然観察路を持続的に利用できるようになることが示された（Le et al., 2013）．

また，自然ツーリズムの対象地ではしばしば侵略的外来種（もともとその環境には生息していなかった生物種で，いったんその環境に入ってくると在来種を脅かすもの）が問題となる．エンダウロンピン国立公園でもアメリカクサノボタン（*Clidemia hirta* (L.) D. Don.）が問題となっている．筆者らの最近の研究でこのアメリカクサノボタンの分布に土壌の水分供給能および養分供給能が関係している可能性が明らかになりつつある．このような観点でも，土壌の各種機能を評価することは観光地の持続性を確保する上で重要であるといえる．

また，土壌の各種機能の評価とは異なるが，土壌学が海洋観光の持続性を高めることにも貢献できる例を紹介したい．

4.5.3 事例3：沖縄でのサンゴ観光

沖縄県では畑からの土壌の流出（赤土流出）によるサンゴの被害が深刻であり，その解決は喫緊の課題である．この問題に対して，筆者らは畑からの土壌流出を抑制する技術である「シカクマメバンド」（ウリズンという品種のシカクマメ（*Psophocarpus tetragonolobus* (L.) D.C.）を畑の中に等高線に沿って帯状に設ける技術）を設計し，その有効性を圃場試験により評価した（伊ヶ崎ら，2013）．その結果，斜度3%の畑では60mごとに幅2mのシカクマメバンドを設ければ，土壌流出を94%抑制できることが明らかとなり，「シカクマメバンド」がサンゴ保全策として有効であることが示された．

しかし，ここに対策の実施者とその受益者の不一致という大きな課題がある．先の2つの事例では，持続性を高めるための対策の実施主体が対策の受益者であった．つまり，事例1で観光施設の経営者が対策を実施し観光地が持続的になれば，その利益を享受するのは経営者自身であり，事例2の場合でもそれは同様である．しかし本事例の場合，対策を実施する主体は観光の恩恵をあまり受けない農家であり，農家が「シカクマメバンド」を実施した際に利益を享受するのは農家ではなく観光産業の関係者や観光客であることから，対策の実施者とその受益者が一致しない．この課題に対して，筆者らはこのシカクマメを食料品として観光資源化する方法（つまり，対策の受益者である観光客に「シカクマメバンド」の費用を負担してもらう仕組み）の開発に取り組んでいる．

実は，このような対策の実施者と受益者が一致しない問題は至るところでみられる．例えば，西アフリカでは人口増加により急激に畑が増加しており，野生動物の住処が急速に奪われている．これに対して，我々はどうすべきであろうか．野生動物の住処を完全に囲ってしまい，これ以上畑が増えないようにしたらどうだろう．恐らく，一定の効果は期待できるだろう．しかし，最貧国が連なる西アフリカの一部では食糧不足が慢性化しており，その彼らに命に関わる畑を作るなと要請することは，道義的にも非常に難しい．少し話が逸れたが，自然ツーリズムの持続性を考える上で特に留意すべき点の1つであることから，ここに書かせていただいた．

4.6　ま と め

一見すると土壌学は自然ツーリズム学と関係がないようにみえるかもしれない．しかし，自然ツーリズムが自然を対象にしている限り，その自然を理解する

ためには土壌の理解が必要である．また4.5節で紹介したように，自然ツーリズムの持続性は土壌に大きく依存しており，持続的な観光を実現するためには，土壌学の知識および方法論が不可欠である．　　　　　　　　　［伊ヶ崎健大・小﨑　隆］

● **土と水，そして料理の関係**

　水の味は水のどのような性質で決まるのだろうか．最も味に影響する性質は，温度，硬度（含まれるカルシウムとマグネシウムの量の指標），においである．我々の口に入るすべての水はもともとは雨水であり，雨水が土壌に浸み込んだ後に地下水もしくは河川や湖沼へ流入したものである．水の硬度は，雨水がその過程でどのような土壌や地質をどのぐらいの時間をかけて流れてきたかで決定される．例えば，ミネラルの多い土壌（例：ルビソル）や地質をゆっくり流れたのち地下水や河川・湖沼に流入する地域の多いヨーロッパでは水の硬度は高い場所が多く，日本のように急峻な地形のため降った雨水が早く地下水や河川・湖沼に流入する場所では水の硬度は低くなる．ただし，日本でも場所によって水の硬度は大きく異なる．概して，海で生成された堆積岩が母材となっている沖縄やミネラルの多い火山灰が母材となっている東京などでは硬度は高く，京都市のように山に近く降った雨水がすぐに地下水や河川に流入する場所では硬度は低い．

　この水の硬度は料理と深い関わりがある．例えば，水の硬度が40〜50を超えると，昆布からだしをとるのが難しくなる．このことが，京料理ではグルタミン酸を昆布から，またイノシン酸を鰹節からとるのに対して，東京（旧江戸）ではグルタミン酸を味噌や醤油からとるという文化の違いに反映されている．つまり，土は水の特徴を決めるだけでなく，その土地の料理や文化にも影響を与えているのである．

● **砂漠化防止のためのエコツアー**

　地球環境問題の1つである砂漠化は乾燥地，半乾燥地，乾燥半湿潤地における人間の不適切な利用による土壌劣化である．筆者らはこれまでに西アフリカのニジェールおよび中央アジアのカザフスタンにおいて砂漠化のメカニズムを解明し（伊ヶ崎，2011；舟川・小﨑，2002），またニジェールでは現地の農民が実施可能な新たな砂漠化対処技術である「耕地内休閑システム」の開発にも成功した（Ikazaki et al., 2011；環境省，2013）．このような研究を通して蓄積した知見をエコツーリズム（エコツーリズムの詳細については6章を参照されたい）の環境教育コンテンツとして活かせないかと考え，筆者らはニジェールおよびカザフスタンにおいてエコツアーの開発に取り組んできた（伊ヶ崎ら，2013）．ここではその活動について紹介する．

ニジェールでのエコツアーでは，野生動物や見事な砂丘を鑑賞するのはもちろんのこと，ツアー参加者に「耕地内休閑システム」の普及につながる研究に参加してもらうコンテンツを組み入れた（伊ヶ崎ら，2013）．また，カザフスタンのエコツアーでは，チューリップの原種に出合える山岳地でのトレッキングや砂漠やステップの景観鑑賞だけでなく，ツアー参加者に人間の不適切な灌漑の結果，水が撒かれた畑では塩類化による砂漠化が，また水がとられた地域ではアラル海の縮小と漁業の壊滅が引き起こされるメカニズムを再現する簡単な実験に参加してもらうコンテンツを組み入れた．

　このように，筆者らはツアー参加者にただ知識を教えるのではなく，実際に研究や実験に参加してもらうことが環境問題に対する体験的な理解を促すと考えており，現在はその教育効果を検証するための研究を進めている．また，砂漠化に対処するためにはある程度の資金が必要となるが，このエコツアーがその一助となるのではないかと考え，その可能性についても検討している．

文　献

国際食糧農業協会（太田誠一・吉永秀一郎・中井　信　監訳）（2002）：世界の土壌資源—入門＆アトラス—，古今書院．[FAO (Deckers, J.A., Nachtergaele, F.O., and Spaargaren, O.C. eds.) (2002)：World Reference Base for Soil Resources：An Introduction, ACCO, Leuven, Belgium.] [FAO (Bridges, E.M., Batjes, N.H., and Nachtergaele, F.O. eds.) (2002)：World Reference Base for Soil Resources：Atlas, ACCO, Leuven, Belgium.]

斯日古楞・曹　楽・伊ヶ崎健大・角野貴信・小﨑　隆（2013）：中国内モンゴル自治区フルンボイル草原において小規模観光地が植生に与える影響．観光科学研究，**6**：53-59.

Le, C., Ikazaki, K., Kosaki, T., Hosaka, T., Numata, S., Hashim, M. (2013)：Soil erosion and conservation practices in Endau Rompin Johor National Park, Malaysia. 1st Asia Parks Congress, November 13-17, Sendai, Japan.

伊ヶ崎健大・大前　英・南雲不二男・岩井香泳子・小﨑　隆（2013）：沖縄における陸域での新たなサンゴ保全技術の開発．観光科学研究，**6**：17-23.

伊ヶ崎健大（2011）：西アフリカ・サヘル地域での砂漠化とその対処技術．日本土壌肥料学雑誌，**82**(5)：419-427.

舟川晋也・小﨑　隆（2002）：アラル海の砂漠化，地球環境ハンドブック（不破敬一郎・森田昌敏　編），朝倉書店，708-717.

Ikazaki, K., Shinjo, H., Tanaka, U., Tobita, S., Funakawa, S., and Kosaki, T. (2011)："Fallow Band System", a land management practice for controlling desertification and improving crop production in the Sahel, West Africa：1. Effectiveness in desertification control and soil fertility improvement. *Soil Science and Plant Nutrition*, **57**：573-586.

環境省（2013）：砂漠化対処パンフレット「人々の暮らしと砂漠化対処」，環境省，12-13.

伊ヶ崎健大・田中（髙橋）美穂・佐々木夕子・小﨑　隆（2013）：砂漠化の理解を深める環境教育プログラムの構築—西アフリカ・ニジェール共和国におけるエコツアーを事例として—．観光科学研究，**6**：127-134.

5 自然ツーリズムの基礎としての情報学

5.1 自然ツーリズムと情報

　観光はリスクの高い消費行動である．高い買い物にもかかわらず，試用や返品ができない．さらに自然ツーリズムでは天候が旅行価値を変動させるし，安全に関するリスクも無視できない．そのような状況の中で，人々は情報を収集することで，価値判断を的確に行い，リスクを回避しようと行動する．

　それでは，自然ツーリズムではどのような情報が必要となるのだろうか？　ここでは先進事例として，アメリカ合衆国の国立公園のウェブサイトをみてみよう．

　図 5.1 はアメリカ合衆国北東部にあるアケーディア国立公園の公式ウェブである．最上部には国立公園局のロゴと同局全体に関する情報ページへのリンクが配置されている．続いてアケーディア国立公園のパノラマ写真と名称が掲載されている．そしてその下は同公園に関する各情報が掲載される欄であり，左側 1/4 ほどはその情報メニューとなっている．このようなレイアウトは国立公園局の管理する公園などの公式ウェブサイトにおいて一貫している．また，パンフレットや園内案内板についても同様のデザインが用いられており，「国立公園ブランド」を演出する要素となっている．

　次に情報メニューの主な項目は以下の通りである．
・Plan Your Visit：来訪のための基礎情報（後述）
・Photos & Multimedia：園内の写真，スライド，ビデオなど
・History & Culture：公園の歴史，歴史的人物，ならびに歴史資料に関するページ
・Nature & Science：動植物，地形や河川などの環境要素，自然の特徴とエコシステムに関するページ
・For Teachers：教員向けの案内，遠足情報，自然学習教材や写真など
・For Kids：子供向けの公園およびレンジャー活動の案内
・News：公園ニュースならびに園内新聞の PDF 版
・Management：公園の管理運営に関するさまざまな情報（具体的には，公園管

5.1 自然ツーリズムと情報

図 5.1 アメリカ合衆国・アケーディア国立公園のウェブサイト（http://www.nps.gov/acad/）

理体制の説明や将来計画，統計情報，募金の運用についての情報，資源マネジメントに関する情報，求人情報など）
・Support Your Park：募金やボランティア活動の案内
・View Park Map：国立公園の地図
・FAQs：よくある質問と回答

なお「Plan Your Visit」ページには ① 現地へのアクセス，② 営業日時，③ 費用および予約に関する情報，④ 現地での活動，⑤ 来訪前に知っておくべきこと，の各ページと，⑥ PDF 版現地パンフレットへのリンクがおかれている．さらに ④ 現地での活動のページ下には，行くべき場所，野外アクティビティ，屋内アクティビティ，子供向けプログラム，ガイドツアー，イベントスケジュール，近隣の観光資源，の各ページが設けられ，⑤ 来訪前に知っておくべきことのページ下には，現地交通情報，宿泊情報，ペット持ち込み規制，立ち入り可能エリアとバリアフリーに関する情報，気候，商店やガソリンスタンドに関する情報，安全に関する情報，一時閉鎖区域の案内，の各ページが設けられている．

このように，アメリカ合衆国の国立公園では一般的な観光情報に加え，さまざまな資料や教材がふんだんに提供されている点が注目に値する．国立公園は単なるレジャー施設ではなく，国民の共有財産を守る場であり，教育の場でもある，という姿勢の現れだろう．ただ，いささか残念なのは「実際のところ，どこが面白く，どこがつまらないのか」というのが不明確な点である．このためか，多くの国立公園には，おすすめアクティビティや旅行者のクチコミなどを掲載した「非公式サイト」が存在し，公式ウェブサイトとともに検索結果の上位に登場する．

以上のケースを踏まえつつ，自然観光地が情報発信する際に押さえておくべき要素をまとめてみよう．

- 多様なアクティビティ情報：自然観光地では，ドライブや散策以外にも，登山，野生生物観察，花見，釣り，海水浴，マリンスポーツ，ウィンタースポーツなど，その土地ごとにさまざまな自然アクティビティが行われる．自然アクティビティのそれぞれについて，顧客の求める情報は何かを考え，適宜応えていくべきである．
- 屋内アクティビティの情報：自然観光地では野外活動に目が行きがちだが，悪天候時でも楽しめる屋内アクティビティの情報も必要度が高い．
- 観光客の価値判断を手助けする情報：何が一般観光客向けの観光資源であり，何が特定旅行者層ないし地元民向けなのか，といった情報は，貴重な時間と資金を投じて来訪する旅行者に重宝される．
- 安全情報：自然観光は気象災害などの危険と隣りあわせであり，高い更新頻度かつ認知しやすい形での安全情報の発信が期待される（図5.1では情報欄の一番上に注意報の存在が表示されている）．
- 滞在関連情報：日常的な買い物や医療など，人が滞在する限り必要になる情報も無視できない．
- 時空間要素：自然観光地では広範囲にわたって活動が展開されるため，多くの情報に位置の要素が含まれる．また，ガイドツアーの開催日時など，時間にも結びついた情報が多い．中には植物の開花時期や融雪による道路閉鎖解除のように，その日時が前後する可能性のある情報もある．したがって，ただ情報をリスト化するのではなく，地図やカレンダーを活用した見せ方の工夫が重要となる．
- 観光客向け以外の情報：観光情報の発信となると，つい一般観光客に向けた案内に目がいきがちである．しかし，自然資源は公益的なものであり，それを支

えてくれる地元の人々や将来世代に向けた情報提供も望まれる．

5.2 旅行の段階ごとの情報とメディア

5.1 節では自然観光地の情報提供手段の一例としてウェブサイトを取り上げた．だが，それ以外にもガイドブック・パンフレットから旅行番組・広告にいたるまで多くの種類の情報提供手段がある．そして，それぞれの手段は異なる性質の情報の発信に用いられ，異なったタイミングで消費される．例えば前田（1995）によれば，観光情報は大きく着地型情報と発地型情報とに分類される．着地型情報は実用性を重視するもので，ガイドブックなどによって提供される．一方，発地型情報はイメージを重視するもので，テレビ番組やドラマ，映画，小説などを介して発信される．

情報の性質と利用時期についてもう少し細かくみるために，AISAS（秋山・杉山，2004）をベースに考えよう．AISAS とは電通の提唱する購買行動のプロセスモデルであり，消費者は attention（注意），interest（関心），search（情報収集），action（行動），share（情報共有）の順をたどって購買を行っていると捉えるものである．このモデルを旅行という消費行動にあてはめて考えてみたい．

まず attention から interest の段階，すなわち特定の旅行目的地に注目が集まり，旅行先として選択される段階では，イメージ形成情報が鍵となる．旅行目的地選択の意思決定プロセスについてはさまざまなモデルが提案されてきたが（佐々木，2000），個々の消費者のもつ観光地イメージが早い段階で大きな影響力を及ぼすと一般的に考えられている（温，2013）．したがって，良好な観光地イメージを広告宣伝や旅行番組によって直接的に，あるいはドラマ，映画，小説などによって潜在的に植えつけ，マイナスイメージがあるならばそれをいかに緩和するかが，旅行者を獲得する鍵となる（温，2013）．

旅行先が決まれば，次はその旅行を実現するための基本情報を収集する（search）段階となる．この段階では，例えば居住地から目的地への主要アクセス，宿泊先，主要な観光資源についての情報などが，ガイドブックやウェブサイトを介し能動的に収集される．そして一般にはこれらの情報を踏まえ，予約や手配が行われる．自然ツーリズムでは交通不便な土地が対象になりやすいため，移動手段の情報は特に重要となる．

実際の旅行の段階（action）では，① 実際の旅行を遂行するための必須情報と，② 旅行を豊かにする演出情報とが，それぞれ消費される．前者は例えば，ツア

ーの催行情報，トレイルの通行可否情報，博物館などの開館情報，現地でのバス時刻表，宿泊先へのアクセス情報などが該当する．もちろんこれらの情報を旅行前から積極的に収集する旅行者はいるが，基本的にこれらの必須情報は鮮度や正確性が求められるため，現地での情報収集が好まれる．後者の演出情報は，必ずしも旅行の遂行に必須ではないが，旅行を思い出深いものへと演出するような情報である．例えば現地ガイドによる説明や，地元の人による意見や旅行者のクチコミなどが含まれる．スマートフォンによる情報発信は即時性・即地性を実現できるため，action 段階において大きな力となる可能性をもっている．

旅行から帰ってくると，人は他人に土産話をしたり，思い出話を SNS に投稿したりする（share）．最近ではスマートフォンの利用により，旅の思い出が旅先から即座に SNS へ投稿されることも珍しくなくなった．共有された情報は他者の attention の引き金となることもあり，留意が必要である．また，情報共有は旅行者自身にとって自らの旅行行動を振り返るきっかけとなる．その過程の中で，自分の旅行結果に対する満足が確認されれば，あるいは（多少不満があったとしても）次回訪問への期待感を構築できれば，再訪を考えるきっかけともなりうるだろう（Okano et al., 2012）．

以上のように旅行の段階ごとに登場する情報の質・役割は異なり，利用されるメディアも異なる．そしてもしそれぞれの情報を間違ったタイミングや間違ったメディアで提供すると，無意味なものとなる危険性もある．例えば，目的地選択段階にある旅行者に対し詳細な博物館開館時間を伝えたり，現地滞在中の旅行者に観光地のイメージビデオを見せたりする意味は薄い．観光地側が情報提供を検討する際は，検討対象のメディアがいつ旅行者の目に触れ，その際どんな情報を旅行者が欲しているかを意識することが肝要であろう．

5.3　スマートフォンによる観光案内を支える測位技術

5.2 節では，スマートフォンの可能性について軽く触れた．スマートフォンの爆発的普及によって，地図や乗換え案内，グルメ情報をはじめ，旅先でほしくなる情報に多くの人が気軽にアクセスすることが可能になった．スマートフォンが他メディアと決定的に異なるのは，高度な測位機能を標準で有していることである．これにより，自分の位置をわざわざ申告しなくても，利用者は現在地近辺の情報を即座に手にすることができる．

測位技術としてよく知られているのが，GPS（global positioning system）で

ある．GPS は最低 4 個の GPS 衛星から送られてくる信号を処理することで，現在地を算出する技術である（久保，2009）．GPS 衛星は地球上を約 30 機が周回しており，地球上の任意の地点において最低 4 個の衛星が（さらに中緯度帯ではやや多めに）上空を飛んでいる．しかし，建物や地形の影響などで上空が開けていない場は測位が困難である．これに対し，GPS を補完する日本独自の測位衛星「みちびき」からの信号や，ロシアの衛星測位システム GLONASS を併用し，測位精度を高める工夫も行われている．

2007 年春以降，日本国内で販売されている携帯電話／スマートフォンには原則すべて GPS 測位機能が搭載されている．しかしながら，電池の消耗やプライバシーに対する危惧から，GPS 機能を無効にしている利用者も少なくない．そこで GPS に代わり，携帯電話基地局や Wi-Fi 基地局からの電波を使った測位も行われている．これらは，通信可能な基地局の位置座標と電波強度を用いて受信機の位置を推定する手法である．一般に GPS に比べれば測位精度は劣るが，この手法のメリットは GPS 信号が届きにくい密集市街地や建物内でも測位が可能なことである．特に Wi-Fi 測位については，基地局を建物各階に複数設置することによって，利用者が建物内の何階のどのあたりにいるかを推定することができるため，これを用いた店舗案内などの実証実験が進められている（熊谷ら，2011）．

自然地域においては，通常，携帯電話基地局や Wi-Fi 基地局の分布はまばらであるので，GPS による測位が標準的となろう．単独の GPS 受信機による測位誤差は，天空の開けた静止状態で水平 2〜3 m 程度である（久保，2009）．ただ，実際には急な斜面のそばや谷底では 10 m 以上の誤差を生じたり，測位できなかったりすることがしばしばある．スマートフォン向けに観光情報サービスを提供するのであれば，その場所に実際行き，はたして位置が正しく測位できるのか事前検証しておくべきであろう．また，自然地域では通信の安定性についても注意を払う必要がある．筆者も離島にてスマートフォンの地図を利用しようとしたが，まったく使えず難儀した経験を幾度も有する．自然地域向けにモバイル情報サービスを提供するときは，安易に Google Maps API などを用いるのではなく，常時通信に頼らないシステム設計を考えるべきである．例えば昭文社の『山と高原地図』アプリでは，登山用地図をスマートフォン内に保存することにより，データ通信の途切れる山中でも地図がみられるように設計されており，実用性が高い．

5.4　さらなる情報の充実に向けて

　自然ツーリズムの情報提供で難しいのは，日々観察をしなければ入手できない情報へのニーズがある，という点である．今日，リモートセンシング（人工衛星や航空機からの観測技術）によって，植生分布や冠雪状態，浸水・土砂災害・山火事などの災害状況を大まかに知ることは可能になった（土居原，2009）．しかしながら，個々のトレイルやエリアが実際に利用可能な状態にあるのか，あるいはいまどこで花が開花し，どこで野生動物が多くみられるのか，といった，人力でしか知りえない情報は多数ある．しかし，観光地側で情報入手業務に割けるマンパワーは限られている．

　このような状況の中で期待できるのが「利用者参加」であろう．素朴な例では，ビジターセンターに大判の地図を用意し，来訪者が滞在中に野生動物を目撃したならば，その位置にピンを差してもらう，という仕掛けが考えられる．このような仕掛けは，野生動物ウォッチングをする上で貴重な参考情報になるばかりでなく，旅行者に「自分たちのような旅行者でも野生動物に会うことが可能かもしれない」という期待を形成させることができよう．

　今日，インターネットを利用することで，このような利用者参加を実現することはきわめて容易になった．例えば「カキコまっぷ」（http://upmoon.t.u-tokyo.ac.jp/kakikodocs/ 2014年9月1日確認）では，さまざまなグループがオンライン地図掲示板を開設し，まちづくりや地域状況共有などに活用している．また，かつてYahoo!が提供していた地図掲示板サービス「Yahoo! ロコ ワイワイマップ」（http://waiwai.map.yahoo.co.jp 2013年4月サービス終了）では，花見マップや釣り場マップ，タヌキの目撃マップから，うどん屋マップや廃墟観光マップまで，実にさまざまなテーマの地図が多数作成されていた．これらを眺めていると，利用者参加によってユニークな空間情報が続々と生み出されていることが実感できる．また，単純な地図掲示板だけではなく，利用者自身が現実世界を舞台にした「ゲームコンテンツ」を投稿できるような利用者参加型サイトも存在する（コラム参照）．

　もちろん，このような利用者参加で生み出される情報については，注意すべき点もいくつかある．

① 信頼性：利用者によって投稿される情報には，間違いや誇張が含まれている可能性が否めない．

② 不適切情報：居住者のプライバシーを侵害する情報が含まれていたり，悪意をもった書き込みがなされていたりする危険性がある．
③ 位置精度：投稿情報の位置は基本的に自己申告であるため，利用者によっては不精確な可能性がある．
④ 情報の有効期限：例えば桜の満開情報のように数日で有効期限が切れてしまう情報もあれば，景勝地の情報のように長らく有効な情報もある．これらをいかにうまく管理し，表現するのかが難しい．

これらを踏まえ，利用者参加で作られる情報を提供する場合には，提供された情報をしっかりと管理し，必要に応じて管理者自ら検証に赴く必要もあるだろう．

ところで，利用者に提供してもらった「ナマの情報」をそのまま提示するだけではなく，それを別の形に加工することで，新たな情報価値を生み出すこともできる．例えば図 5.2 は，オンライン写真共有サイト Flickr（http://www.flickr.com）に投稿された写真の撮影位置データだけを利用し，富士山周辺のどのあたりで多く写真が撮影されているかを図示したものである．一般に旅行者は興味を

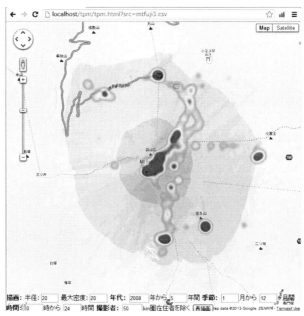

図 5.2 富士山頂周辺の観光ポテンシャルマップ（色の濃い場所ほど写真撮影が多く行われていることを示す）

惹くものに出合った場所にて写真撮影をする傾向にある．したがって図5.2のような地図は「どこが面白そうな場所か」という観光ポテンシャルを伝えてくれるものであり，旅行者が旅行計画を立てる上で手助けとなる（倉田，2011）．また，写真の撮影日時や被写体距離のデータを利用することで，例えば季節ごとの撮影スポットや夜景撮影スポットを地図化することも可能であろう．また，多少手間はかかるが，被写体を目視で分類することにより，例えば野生動物が撮影される場所などを地図化することができよう．

　SNS全盛の今日，ウェブ上にはすでに膨大な「旅行に関する人々の記録」が散乱している．これらをうまく利用することで，今までにはない価値ある観光情報を創造していける可能性があるといえるだろう．　　　　　　　　　［倉田陽平］

●ジオキャッシングを楽しむ
　ジオキャッシングというレジャーについて，聞いたことがあるだろうか？
　ジオキャッシングは，現実世界をフィールドとした21世紀版「宝探しゲーム」である．木の根元やベンチの下，あるいは石垣の隙間や看板の裏のような所まで，我々の日常空間にコッソリと宝箱が隠され，その数は全世界でなんと250万個に及ぶ（2014年9月現在）．一口に宝探しといっても，我々が想像するような子供の遊び程度のものではない．岩や木や建設部材に偽装していたりすることはざらである（図5.3）．これらの宝箱は，実は参加者によって隠されたものだ．各自が隠した宝箱の情報は公式サイト（http://www.geocaching.com）上で共有され，それをもとに互いに宝探しを楽しみあう．2000年に誕生して以来，このゲームは世界中で大勢の参加者に切磋琢磨されてきた．結果，ジオキャッシングは，隠す側と探す側が現実世界を舞台に知恵を競いあう，壮大な「大人の宝探し」へと進化を遂げたのである．
　このゲームの特筆すべき点は，宝箱の多くが有名無名の名所に設置されている，ということである．せっかく宝箱を設置し，他の人々に来てもらうのだから，自分の地域の名所や穴場へと案内しようという配慮が働くのであろう．実際に日本国内の宝箱1000個を無作為抽出して調べたところ，78％がその説明文に周辺の見所案内情報を含んでいた（倉田，2012）．このようにジオキャッシングは，地域の観光資源を発掘し，それを宝探しに変えてしまう不思議な性質がある．さらには，石碑のようなマニアックな観光資源でも，宝探しという冒険的要素が付加し，さらには紹介者による耳よりな解説や来訪者によるコメント・ツッコミが加わることで，その来訪価値が向上するのである．
　宝箱は公園をはじめとする自然地域にも多数設置されており，ジオキャッシングは自然に親しむレジャーの1つとして北米やヨーロッパを中心に広く楽し

図5.3 ジオキャッシングにおける宝箱の例
左上から，迷彩色のタッパー（2011年撮影），ベンチの裏に固定された木目調ケース（2010年撮影），砂利を蓋に接着し偽装したケース（2011年撮影），岩石に擬態したケース（2012年撮影））

まれている．ただ，自然環境下で宝探しをしていて改めて気づかされるのは，ゴミの不法投棄の多さである．このため，宝探しをしながら清掃活動をするCITO（Cache-In Trash-Out）と呼ばれる慈善イベントも海外ではよく開催されている．

日本国内には2014年9月現在，約2万個の宝箱が設置されている．図5.4は東京都心部の宝の分布図である．一般市民のつゆ知らぬところで，いかに大規模にゲームが展開されているかがわかるだろう．

ちなみに宝箱の中の「宝」は，ガラクタ程度のものである．また「宝」を持ち出す際には，代わりに持参した「宝」を1つ残す必要がある．なので，あまり「宝」には期待しない方がいい．むしろ探し出すこと，あるいは宝探しをきっかけにその場所を訪れること自体が楽しい遊びなのである．

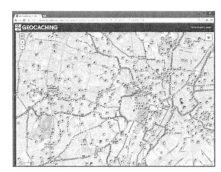

図5.4 東京都心の宝箱の分布（ジオキャッシング公式サイトにて作成）

文　献

秋山隆平・杉山恒太郎（2004）：ホリスティック・コミュニケーション，宣伝会議．
温　穎偉（2013）：観光地イメージの形成における異なる情報媒体の効果に関する比較研究．首都大学東京修士論文．
久保信明（2009）：地理空間データの取得技術と計測方法3―衛星測位―．GISの技術（柴崎亮介・村山祐司 編），朝倉書店．
熊谷　潤・松原　剛・日野智至・柴崎亮介（2011）：商品位置を元にした屋内ナビゲーションの開発．地理情報システム学会講演論文集，20．
倉田陽平（2011）：観光ポテンシャルの可視化によるスマートフォン向けのシンプルな観光情報サービス．地理情報システム学会講演論文集，20．
倉田陽平（2012）：ジオキャッシング：無名の人々がゲームを通して発掘・拡張する観光価値．観光と情報，**8**：7-14．
土居原健（2009）：地理空間データの取得技術と計測方法1―ジオマティクスⅠ―．GISの技術，（柴崎亮介・村山祐司 編），朝倉書店．
佐々木土師二（2000）：旅行者行動の心理学．関西大学出版部．
前田　勇（1995）：観光とサービスの心理学――観光行動学序説．学文社．
Okano, Y., Shimizu, T. and Kurata, Y. (2012)：An analysis of revisit intention, focusing on alternation of companions：A case study on the visitors to Hokkaido. TTRA APac Conference.

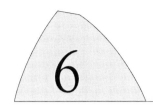

エコツーリズムの見方・考え方

「エコツーリズム」は自然資源を利用する観光の代名詞として知られるが，その高い知名度とは裏腹に，その定義や内容は多岐にわたり，実体を捉えるのは難しい．本章では自然に関わるさまざまなツーリズムを紹介しながら，エコツーリズムの位置づけを説明する．続いて，豊かな自然が残る自然保護区においてエコツーリズム事業を計画，運営していくために必要となる原則や関連制度について解説し，例として小笠原諸島におけるエコツーリズムについて紹介する．

6.1 さまざまな自然に関わるツーリズム

6.1.1 自然環境に由来する観光資源

自然に関わるツーリズムではさまざまな自然環境を観光資源として利用している（表6.1）．観光資源の分類は目的によって異なるが，主に自然環境由来の自然観光資源と人間活動由来の文化観光資源に分けられる．そのうち自然観光資源は，火山，温泉などの自然景観，避暑・避寒や風雪など気象条件に基づくもの，希少動植物などの生物資源がある．観光地ではこれらの観光資源を組み合わせることで地域の独自性や魅力を高めている．

a. エコツーリズムとは何か

エコツーリズムは自然ツーリズム（nature tourism もしくは nature-based tourism）の1つとして認識されている．自然ツーリズムは自然に触れ，楽しむ

表6.1 観光資源の分類の例（河村，2008を参考に作成）

自然観光資源	自然景観・自然療養地	火山，温泉，山岳，草原，島嶼，海岸，湖沼・河川，地質，洞窟，奇岩など
	気象条件	気温，湿度，日照，月光，風雪，雲海など
	生物資源	珍獣，希少動植物，漁礁，釣り場，狩猟地，森林，新緑，落葉など
文化観光資源	歴史・文明遺産	古代人化石，遺跡・遺物，古代寺院，民族的庭園，故事・民間伝承，伝統工芸，歴史博物館など
	現代社会・文明	現代建造物，交通・通信施設，商業センター，社会制度，科学技術，産業，娯楽，工芸美術，割烹など

ことを主題とするようなツーリズムの形態であり，マスツーリズムのアンチテーゼとして出現したニューツーリズム（new tourism）の中で発展してきたものである．自然ツーリズムにもさまざまな目的をもった観光が存在し，エコツーリズム（ecotourism）だけでなく，グリーンツーリズム（green tourism），オルタナティブツーリズム（もう1つの観光，alternative tourism），サステイナブルツーリズム（持続可能な観光，sustainable tourism），レスポンシブルツーリズム（責任ある観光，responsible tourism）などと呼ばれるものも知られている．また，自然ツーリズムの中には，特定の自然環境を観光資源として注目するワイルドライフツーリズム（wildlife tourism，野生生物を対象），地質や地形などの地学的景観を観光資源とするジオツーリズム（geo tourism，地質・地形を対象）も含まれる．

自然ツーリズムの中でもとりわけ認知度が高いエコツーリズムの歴史は比較的新しく，国連環境計画（UNEP），国際自然保護連合（IUCN），世界自然保護基金（WWF）などによって「持続可能な開発（sustainable development）」の概念が提唱された1980年代以降に広く認知されるようになった．その後，エコツーリズムは外貨獲得手段の1つとして途上国を中心に発達し，1990年代以降からエコツーリズムについての実践的な取り組みが世界各地でなされるようになった．そして2002年には持続可能な観光開発の促進と地域社会の文化と環境の維持の実現に向けた「世界エコツーリズムサミット」がケベック（カナダ）で開催され，国際連合は2002年を国際エコツーリズム年（International Ecotourism Year）と定めた．

日本では1980年代後半から観光パンフレットやメディア上にエコツーリズムやエコツアーが出現した．その後，観光や地域振興において環境保全を前提とし，環境に適切に配慮したエコツーリズムを促進するための法律が必要とされ，2007年に議員立法によるエコツーリズム推進法が成立した（施行は2008年）．エコツーリズム推進法ではエコツーリズム推進に関する基本的な方針が定められ，国による基本方針の策定，地域関係者の参加による協議会の設置，地域における全体構想の策定と国による認定，市町村による特定自然観光資源の指定などが定められている．

エコツーリズム推進法が施行され，エコツーリズムやエコツアーという用語が広く認知されるようになったが，現在でも用語の定義は統一されていない．巷に溢れるさまざまな内容のエコツアーからもうかがえるようにその意味や定義は

「エコツーリズム」を扱う組織によって違いがみられる．例えば環境省は「自然環境や歴史文化を対象とし，それらを体験し，学ぶとともに，対象となる地域の自然環境や歴史文化の保全に責任をもつ観光のあり方」をエコツーリズムの概念としているが，公益財団法人日本自然保護

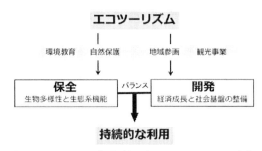

図 6.1　エコツーリズム概念図（Ross and Wall, 1999 を参考に作成）

協会の『NACS-J エコツーリズム・ガイドライン』では「旅行者が，生態系や地域文化に悪影響を及ぼすことなく，自然地域を理解し，鑑賞し，楽しむことができるよう，環境に配慮した施設および環境教育が提供され，地域の自然と文化の保護・地域経済に貢献することを目的とした旅行形態」と定義している．このようにエコツーリズムは用いる団体によって定義が異なるが，多くの場合で自然環境の保全，環境教育への貢献，観光による地域振興が含まれる．また，国によっては「エコツーリズム」ではなく「グリーンツーリズム」が用いられることもある．そのため，現在でも統一された定義はないが，多くのエコツーリズムにおいては観光そのものが成立し，観光による地域振興，自然環境の保全，環境教育が行われることが必要条件である．そのため，エコツーリズムは自然保護，経済，地域参画，環境教育に関する活動を通じて生態系の保全と開発のバランスをとりながら，持続的な自然環境の利用に貢献できるツーリズムといえるだろう（図 6.1）．

6.2　自然保護区におけるエコツーリズムの実践

エコツーリズムの定義と同様に，エコツーリズムが対象とする自然環境も多岐にわたる．例えば，環境省のエコツーリズム推進モデル事業では，豊かな原生自然から里地里山などの身近な自然まで対象とされており，自然生態系だけでなく，都市生態系や農業生態系などの人間活動が優勢な生態系も対象となりうる．しかし，比較的豊かな自然が残された地域では，多くの自然保護制度が関連するため，都市生態系や農業生態系とは異なる配慮が必要となる．

6.2.1　自然保護制度とエコツーリズム

国立公園や自然保護区のような地域で観光が行われる場合には，自然保護制度

によって活動が制限される．そのため，自然保護区におけるエコツーリズムにおいては一般の観光法規（観光立国推進基本法，景観法など）に加えて，環境政策（自然公園法，自然環境保全法，温泉法など），文化政策（文化財保護法），農林業政策（森林法など）などの法規が関連している．また，一部のきわめて豊かな自然環境が残された地域では「世界の文化遺産及び自然遺産の保護に関する条約」（世界遺産条約）のような国際条約なども関わる．日本のエコツーリズムに関わる主な自然保護関連制度をまとめると表 6.2 のようになる．

そのうち，特にエコツーリズムと関連深い自然公園制度は「優れた自然の風景地を保護するとともに，その利用の増進を図り，国民の保健，休養および教化に資することを目的」として定められたものである．現在は，自然公園法によって指定された国立公園，国定公園，都道府県立自然公園がある．国立公園は環境省

表 6.2　日本のエコツーリズムに関わる主な自然保護関連制度：法的根拠と対象地域

根拠となる法律・条約など	保護地域の名称
国際条約や国際ネットワークに基づくもの ・世界の文化遺産及び自然遺産の保護に関する条約（世界遺産） ・ユネスコ人間と生物圏計画（MAB） ・特に水鳥の生息地として国際的に重要な湿地に関する条約（ラムサール条約）	世界遺産 生物圏保全地域 ラムサール湿地
文化財保護法	天然記念物 天然保護区域
自然公園法	自然公園 　国立公園／国定公園／都道府県立自然公園 ※自然公園では以下のような地区を設定し管理 　特別地域／特別保護区
自然環境保全法	原生自然環境保全地域 自然環境保全地域 都道府県自然環境保全地域 生息地等保護区
森林法	保安林
国有林管理経営規定　保護林など	森林生態系保護地域 その他の保護林
鳥獣保護区（国／都道府県指定）	特別保護地域
絶滅のおそれのある野生動植物の種の保存に関する法律（種の保存法）	生息地等保護区
都市緑化法	緑地保全地域

が管理し，国定公園・都道府県立自然公園は都道府県が管理する（自然公園法，都道府県自然公園条例）．国内に30か所の国立公園，56か所の国定公園，315か所の都道府県立自然公園があり，自然公園面積の合計は2013年3月31日時点で543万ha（国土面積の約14%）にものぼり，自然に関わるツーリズムやレクリエーション活動を行うための重要な場となっている．

一方，自然公園法によって保護される地域の観光資源は森林，狩猟，天然記念物などの制度とも関連する．これらの制度には環境省，農林水産省，文部科学省，国土交通省など複数の省庁や地方自治体が関わっている．このため，政策間の連携が不足し，将来ビジョンが共有されなければ，自然保護に関する活動は阻害され，エコツーリズムの推進そのものも形骸化してしまうおそれがある．

6.2.2 エコツーリズムに関わる国際的な自然保護制度

国際的な自然保護制度も日本のエコツーリズムと強く関連している．本項では以下の4つの国際条約と1つの自然保護制度を例にしてエコツーリズムとの関係を紹介する．

a. 生物多様性条約

生物多様性条約（生物の多様性に関する条約）は①生物多様性の保全，②生物多様性を構成する要素の持続可能な利用，③遺伝資源の利用から生ずる利益の公正かつ衡平な配分を目的とする国際条約である．生物多様性条約事務局は生物多様性保全の観点からも観光産業の重要性を認識しており，持続的な観光と生物多様性保全の両立のためのガイドラインを出版している（例えばSecretariat of the Convention on Biological Diversity, 2002）．また，関連機関である国際自然保護連合はホテルなどの宿泊施設で生物資源を持続的に利用するためのガイド（IUCN, 2008）や，生物多様性を保全する活動を通じて利益を生み出し，持続可能な方法で生物資源を利用し，その利用から得られた利益を公正に分配する「生物多様性ビジネス」の事例を紹介している（IUCN, 2009）．

b. ワシントン条約

ワシントン条約（絶滅のおそれのある野生動植物の種の国際取引に関する条約）は野生動植物の国際取引の規制を実施し，絶滅のおそれのある野生動植物の保護を目的とする．絶滅のおそれの程度に応じて同条約附属書（附属書I，II，III）に野生動植物種を掲載し，国際取引の規制を行う．豊かな自然が残された観光地ではワシントン条約で規制されているような野生動植物の採取や販売が行われ，

生物多様性に深刻な打撃を与えることがある．例えば地中海のベニサンゴの個体群は，地元で売る宝飾品や装飾品を作るために集中的な採取が行われ，深刻な打撃を受けてきた．観光地において責任ある自然保護を実施する上で，ワシントン条約のリストや取引規制，規則について理解しておくことが重要である．

c. ラムサール条約

ラムサール条約（特に水鳥の生息地として国際的に重要な湿地に関する条約）は主に水鳥の生息地として国際的に重要な湿地の保存に関する国際条約である．動植物，特に鳥類の生息にとって重要な水域などを指定し，水域には湿原，湖沼，河川に加えて，湧水地や地下水系なども含まれる．日本では釧路湿原や琵琶湖のほかにも秋吉台地下水系など，2012年8月時点で計46か所が条約湿地として登録されている．ラムサール条約では湿地の Wise use（賢明な利用），すなわち持続的な開発の範囲で生態系アプローチを実施することでその生態学的特性を維持することが基本原則であり，この原則に基づき多くの観光事業が実施されている．

d. 世界遺産条約

世界遺産条約（世界の文化遺産及び自然遺産の保護に関する条約）は1972年にユネスコ（UNESCO）総会で採択され，文化遺産および自然遺産の重要性を明記し，保護を国際社会全体の任務とするものである．締約国に対して，全人類に普遍的な価値をもつ遺産の保護・保存における国際的援助体制の確立および将来の世代への伝達を義務づけている．そもそも世界遺産は保全が目的のため，必ずしも観光開発を促進するような趣旨はないが，世界遺産への登録はその知名度から登録地域の観光に大きな影響を及ぼす．例えば，世界文化遺産に登録された白川郷の場合，登録直前の観光客数は毎年60万人台であったが，登録後は140～150万人台となった．一方，適切な管理がなされずに破壊や喪失の危機にさらされている遺産は，「危機にさらされている世界遺産リスト（危機遺産リスト）」に登録される．ガラパゴス諸島のように，観光客の増加によって自然環境が悪化し，危機遺産リストに掲載された事例もあるため，観光における影響を注意深く監視し，適切な管理を続けていくための取り組みが重要である．

e. 生物圏保存地域（ユネスコエコパーク）

生物圏保存地域(Biosphere Reserves)はUNESCOの「人間と生物圏計画」(Man and the Biosphere Programme, MAB計画) に基づいて成立した国際的な指定保護地域の名称であり，日本ではユネスコエコパークという名前で呼ばれている．「生物圏保存地域世界ネットワーク」(World Network of Biosphere Reserves)

には，2012年7月現在で117か国610の地域が登録されている．生物圏保存地域では環境問題の解決の科学的基礎を得ることを目的として，自然資源の合理的利用と保護に関する科学的研究が国際協力のもとで実施されている．また，研究活動や保護だけでなく，持続的利用も重要視されており，生物圏保存地域内は① 法的に保護される中核地域（core area），② 保護の妨げになる活動が禁じられている緩衝地域（buffer area），③ 許可を得た活動は認められる移行地域（transition zone）の3つのゾーンに区分されている．日本では屋久島（鹿児島県），志賀高原（長野県），大峰山と大台ヶ原山（三重県，奈良県），白山（富山県，石川県，福井県，岐阜県）が「生物圏保存地域」に指定されていたが，2012年に宮崎県・綾地域（照葉樹林）が5つ目の生物圏保存地域として指定された．

6.2.3 自然保護地域にエコツーリズム事業を導入するために
a. 保護地域とは何か

国立公園など，自然環境保全のために公的機関によって管理される地域は保護地域（protected area）と呼ばれる．国際自然保護連合（IUCN）は世界の保護地域を保護の程度や目的に応じてカテゴリー化している．例えばカテゴリー1（厳正保護地域，原生自然地域）は学術研究または原生自然の保護を主目的として管理される保護地域であり，一般の観光客の立ち入りはできない．カテゴリー2（国立公園）は生態系の保護とレクリエーションのために管理される地域であり，観光利用を行うことができる．ただし，日本の保護地域制度はIUCNのカテゴリーとある程度対応しているが，完全に対応しているわけではないので，注意が必要である．

b. 保護地域におけるツーリズムの計画と運営

ツーリズムを導入する目的は観光産業や地域の活性化，環境保全など地域によってさまざまで，実施されるツアーも自然散策，観察会や環境教育を目的とした活動から農林業体験まで多様である．そのため，ツーリズムを導入する際に必要な計画や運営方法は地域によって必然的に異なり，地域の自然環境や社会の現状を理解することが前提となる．さらに，自然保護地域において観光事業を行うためには，自然保護規制への対応，そして自然環境保全や環境教育のためのインタープリターやガイドなどの人材の配置も求められる．

保護区域の持続可能な観光行動計画において重要となる事項のほとんどは，他の多くの観光事業においても重要である．自然保護区のエコツーリズムで特に重

要なものとして利用限界と環境基準の策定，教育とインタープリテーション（解説）があげられる（表6.3）．観光による自然環境の劣化を防ぎながら，持続的に観光事業を行うためには，観光がもたらす影響を吸収できる力を表す環境収容力，観光が地域社会に悪影響を及ぼすレベルを示す文化・社会的収容力，観光客が地域に求める性質が観光によって被害を受ける心理的収容力の3種類を検討し，利用限度を設けることが望ましい．

表6.3 保護区域の持続可能な観光行動計画において重要となる事項（イーグルズほか，2001を参考に作成）．

明確な目的
自然目録の作成（情報）
地域住民の参加（担い手）
パートナーシップ（住民，観光事業者など）
ゾーニングの活用
利用限界と環境基準の策定
利用レベル（適当／不適当行動）の明確化
環境，経済，社会，文化に及ぼす影響評価
教育とインタープリテーション
訪問者の誘導
市場調査（マーケット，ニーズの分析）
観光商品開発とプロモーション戦略
モニタリング
人材と研修
計画の実行

　優秀なガイドによる解説は自然保護や環境教育への効果を高めることができる．そのため，エコツーリズムにおいてはガイドや解説が果たす役割は大きい．多くの地域でガイドの認定制度が導入されており，ガイドの質の維持と向上に対して一定の役割を果たしている．ただし，多くの地域でガイドに限らずエコツーリズムに関わる人材が不足しており，エコツーリズムを運営する上で大きな課題の1つとなっている．

　保護地域の一部では観光客だけでなく地域住民の立ち入りも制限されているが，許可を得た研究者は学術研究活動を行うことが可能である（カテゴリー1：厳正保護地域，原生自然地域）．そのため，保護地域のエコツーリズムにおいては，研究活動を行い，多くの学術的知見を有する研究者もエコツーリズムの推進に重要だが，研究者の観光における役割についてはほとんど注目されてこなかった．しかし最近では，個人による学術情報の提供だけでなく，活動地域の自然環境を科学的な立場から明らかにし，自然環境を管理する上で必要なアドバイスを行う組織が作られるようになった．日本の世界自然遺産地域には学識者が参加する科学委員会が組織され，自然環境を順応的に管理するための科学的アドバイスを行っている．このように観光資源の探索や情報提供だけでなく，保護地域におけるツーリズムの管理に対して積極的に関与することが期待されている．

c. ツーリズムの潜在的ベネフィットとリスク

豊かな自然が残された保護地域にエコツーリズムが導入される場合にはベネフィット（利益）とリスクがある（表6.4）．エコツーリズムによるベネフィットの1つ目は地域社会における経済的チャンスの拡大である．観光が適切に導入され，地域において雇用が創出されれば地域住民の収入は増加することが期待される．特に，観光による雇用創出コストは製造業などと比べて安いため，産業政策のオプションとして選択しやすい．ただし，地域社会が経済的メリットを享受するためには，魅力ある商品とサービスを開発しながら，地域外への利益の漏出（リーケージ）を減らすことが必要である．2つ目のベネフィットは自然遺産，文化遺産保護の推進である．直接的には環境保全，文化保護の費用が増加することで対策が進むことがあげられる．間接的には保全のための政治的支援や支持が増加することで，保護政策を進めやすくなるだろう．3つ目のベネフィットは観光による地域社会における生活の質の向上である．観光開発が進むことによって交通・通信インフラが整備され，教育・トレーニングプログラムや保健医療が充実することで地域住民の生活環境が改善されることが期待されている．

一方で，エコツーリズムの導入にはリスクもある．1つ目のリスクは施設，商品，サービス増加が地域負担増につながるという財政・経済的なリスクである．一般に旅程全体がエコツアーとなるものは少なく，日帰りのガイド付アクティビティが多いのが特徴であるため，観光経営的にも魅力となるようなビジネスモデルを構築することが求められる．また，2つ目として観光客による地域社会活動の妨害，サービスをめぐる衝突など，社会的なリスクも生じうる．さらに，ツーリズムが成功すればするほど，大量の観光客へのニーズに応えるために環境破壊へのリスクは高まる．ツーリズムで得られた資金は銃やチェーンソーなど，自然を破壊するための道具の購入資金となったり，部外者の流入を促したりすることでツ

表6.4 自然が残された地域でツーリズムを行う場合に，その周辺地域にもたらすベネフィットとリスクの例（イーグルズほか，2005 を参考に作成）．

	ベネフィット	リスク
経済的影響	雇用の創出，収入の増加	インフラの整備負担
自然環境への影響	保護活動の推進と充実	植生・土壌の劣化，野生生物への攪乱，薪炭材，廃棄物，汚染，騒音，景観の破壊，外来種，病気リスクの増加
社会的影響	社会インフラの整備，教育・トレーニングプログラムの充実	観光客による悪化，観光客との軋轢，火災リスクの増加

ーリズムによる負の影響が増幅してしまうこともありうるだろう．
　このように，豊かな自然が残る地域にエコツーリズムを導入するためには，自然環境への影響だけでなく，経済的，社会的影響も十分に検討されなければならない．

6.2.4　保護地域におけるツーリズムの事例：小笠原のエコツーリズム

　小笠原諸島は，東京都本土部の南南東約1000kmの太平洋上にある30余の島々である．どの島も成立以来大陸と陸続きになったことがない海洋島である．特徴として，生物の固有性がきわめて高く，その地域でしかみられないような生物が多く生息する．小笠原のような海洋島には他にガラパゴス諸島やハワイ諸島がある．例えば小笠原でみられる植物（種子植物とシダ植物）の36.5%が，陸産貝類（カタツムリなど）の94.2%が小笠原の固有種といわれる．また，地形・地質の点でもきわめて独特である．小笠原諸島の豊かでユニークな自然環境が評価され，2011年に日本で4番目の世界自然遺産として登録された．
　世界自然遺産への登録をきっかけに多くの活動が行われている．小笠原にはきれいな海だけでなく，島ごとに独自の発展を遂げた生態系，海鳥の繁殖地などがあり，父島や母島周辺では豊かな自然を利用したツアーを楽しむことができる．もともと小笠原の観光業は釣りやダイビングなど海を対象としたものが中心だったが，ホエールウォッチング導入後は，陸上のフィールドツアーや，ドルフィンスイミング，カヌーなど，ツアーが多様化し，2010年6月現在，父島のガイド事業者全体で，合計24種類のツアーを提供しており，陸ツアーは6種類，海ツアーは18種類のプログラムがある（山菅，2011）．
　一方，小笠原諸島の固有種・希少種は外来種の侵入に対してきわめて脆弱で悪影響を受けやすい．そのため，観光を適切に行うために，島ごとに独自の発展を遂げた生態系の特徴を理解し，それぞれにあわせた保全の方策が必要となる．そこで，2002（平成14）年に小笠原エコツーリズム推進委員会が設置され，エコツーリズム推進に関わる広報活動や小笠原エコツーリズムマスタープランの作成が行われた．マスタープランでは，「かけがえのない小笠原の自然を残していきながら，旅行者がその自然と自然に育まれた歴史文化に親しみ，小笠原の島民が豊かに暮らせる島づくり」を基本理念として，推進組織の確立，保全のためのルール確立，環境保全のための財源確保，利用のためのルール確立，広報宣伝活動，人材育成・教育機能の整備に関する具体的な考え方が提案された．その後，全村

図 6.2 小笠原のエコツーリズム
左は外来植物の種子を保護区域内に持ち込ませないための種子除去装置(2010年3月撮影).右は南島で実施されているエコツアーの様子(2009年6月撮影).植生保護や土壌流出防止の観点から南島の入島人数は1日に100名までと定められており,入島したツアー客はガイドの指示に従い,定められたルートのみを散策する

的にエコツーリズムを推進していくために,2005(平成17)年に小笠原エコツーリズム協議会が設置された.協議会では小笠原のエコツーリズム推進の方向性の議論や事業計画の策定,また広報や普及活動が行われている.

小笠原の多くの場所で持続的に観光を行うための取り組みが多くなされている.例えば,「小笠原カントリーコード」(自然と共生するための10か条)や小笠原ルールブック(法律やルール,マナーについて)を作成し,観光客に対する自然環境保全への意識を高めるための取り組みを行っている.また,観光客が上陸可能な南島などにも入島制限を設けたり(南島100人ルール),島内の多くの保護地域での活動において自然ガイドの同行を義務づけたりするなど,観光による自然環境への悪影響を軽減するための努力がなされている(図6.2).ただし,エコツーリズムを担う人材の不足が懸念されており,小笠原においてエコツーリズムを協力的に推進するための組織や枠組みが必要である.

6.3 おわりに

エコツーリズムに代表される自然ツーリズムは世界で最も急成長している産業の1つであり,自然環境保全に資する有効な資金源として捉えることができる.もし,資金面の問題を抱える保護地域にエコツーリズム事業を適切に導入することができれば,自然保護に関わるコストの一部を補塡することができるだけでなく,地域住民への理解や協力を促進することができるだろう.エコツーリズム事業の運営には短期的に利益をあげることも大切であるが,自然環境資源を広く,長期的な視点で捉えることがきわめて重要である.関係者がコミュニケーションをはかりながら,地域社会からの幅広い支援を獲得するための努力を続けること

が必要である. [沼田真也]

●東南アジアの熱帯雨林とエコツーリズム
　東南アジアの湿潤熱帯域には，多様で繊細な種間関係に基づくきわめて複雑な熱帯雨林生態系が広がる．この生態系の生物多様性はメガダイバーシティと表現され，東南アジア熱帯雨林の最も大きな特徴かつ魅力の1つである．東南アジア熱帯雨林はラワン材としても知られるフタバガキ科植物が多く生育する．突出木と呼ばれ，時に樹高が50 mを越えるような大木を含む複雑な垂直構造を有する．一方，いわゆる季節がない熱帯雨林では常に多くの植物が花を咲かせ，実をつけているような印象があるかもしれないが，多くの熱帯雨林のさまざまな樹木が数年に1度の頻度で同調的に開花・結実する「一斉開花現象」のような不思議な現象も数多くある．
　東南アジアで手つかずの熱帯雨林は数少なく，そのほとんどは国立公園のような保護地域に残されているに過ぎない．国立公園にはメガダイバーシティと未だに残された謎を求めて多くの観光客が訪問する．観光客の多くは熱帯雨林の景観そのものを楽しむことを目的としているが，ジャングルトレッキングやハイキング，キャンプ，川遊びやカヌーなどが主なアクティビティとなっている．一方，これらの熱帯雨林には多くの希少な野生生物が生息しているが，アフリカのサファリなどと比べ，観光資源としての期待は必ずしも大きくない．東南アジア地域の熱帯林では観察できる野生生物が限られるためである．一部

図6.3　東南アジア熱帯林における哺乳類の時空間的棲み分け（安田ほか，2008より転載）昼行性の霊長類や鳥類は比較的観察しやすいが，多くの種は夜行性や樹上性のため観察が難しい．

の昼行性哺乳類や鳥類を除き，アジアゾウやトラなど，人気のある野生生物を保護地域などで直接観察することはきわめて困難である（図6.3）．そのため，メガダイバーシティの一部は隠された宝物（hidden treasures）とも呼ばれ，野生生物との遭遇を期待する観光客にとっては期待外れなものになりがちである．動物観察のための施設や展示などを充実させることで観光客の満足度を高める努力をしているが，ITなどを用いて，野生生物への攪乱を抑えつつ，観光客の期待に添うような新しい技術開発などが必要と考えられる．

文　献

International Union for Conservation of Nature and Natural Resources (2008)：Biodiversity：My hotel in action, a guide to sustainable use of biological resources.

International Union for Conservation of Nature and Natural Resources (2009)：The time for biodiversity business.

Higginbottom, K. (2004)：Wildlife tourism：Impacts, Management and Planning, Common Ground Publishing.

Ross, S. and Wall, G. (1999)：Ecotourism：towards congruence between theory and practice. *Tourism Management*, **20**：123-132.

Secretariat of the Convention on Biological Diversity (2002)：Biological diversity and tourism：Development of guidelines for sustainable tourism in vulnerable ecosystems.

イーグルズ，ポール・F.J., マックール, ステファン・F., ヘインズ, クリストファー・D. (2005)：自然保護とサステイナブル・ツーリズム，平凡社．

小方昌勝（2000）：国際観光とエコツーリズム，文理閣．

環境省（2008）：エコツーリズム推進マニュアル（改訂版）．http://www.env.go.jp/nature/ecotourism/try-ecotourism/env/5policy/manual.html

河村誠治（2008）：観光経済学の原理と応用，九州大学出版会．

敷田麻実・森重昌之・高木晴光・宮本英樹（2008）：地域からのエコツーリズム——観光・交流による持続可能な地域づくり，学芸出版社．

大澤雅彦 監修，日本自然保護協会 編（2008）：生態学からみた自然保護地域とその多様性保全，講談社．

山菅　香（2011）：エコツーリズムにおけるガイドと研究者の関係——東京都小笠原村父島を事例に，首都大学東京都市環境科学研究科修士論文．

安田雅俊・長田典之・松林尚志・沼田真也（2008）：熱帯雨林の自然史 東南アジアのフィールドから，東海大学出版会．

7 ルーラルツーリズムの見方・考え方

7.1　ルーラルツーリズムとは

　ルーラルツーリズムとは，自然的・文化的に多様性のある農山村において行われる地域資源を利用した余暇活動のことである（Lane, 1994；Sharpley and Sharpley, 1997）．自然環境のもとでの活動には農林業体験を含み，その村の農業を支えていること，農家民宿などの経営を通じて客との個人的関係をもつこと，ローカルな雰囲気があり，古い建物の多い農村地域であることがあげられる．ルーラルツーリズムには関連するさまざまな呼称が存在し，国や研究者・専門家などによっても使い方や含意が異なる．アグリツーリズムやファームツーリズム，グリーンツーリズムなどはその最たるものである．特に日本で多用されるグリーンツーリズムは農林水産省によって，緑豊かな農山漁村地域において，その自然，文化，人々との交流を楽しむ滞在型の余暇活動と定義されているが，これはヨーロッパで用いられる green tourism とは同義ではないとされる．ヨーロッパにおけるグリーンツーリズムの「green」は単なる緑色の森林や大地を意味するものでなく，環境破壊に対する批判と問題解決のための行動意識を含んだものだからである（横山，2006）．このため，高い規範意識をもった観光客による環境に配慮した観光と解釈されるのが適切であり，その意味では，日本で使用されるエコツーリズムに通ずる点も多い．

　一方で，ルーラルツーリズムの定義も多様であり，農業と直接的には関係しないエコツーリズムや自然をベースにした形態，文化観光や冒険旅行的なものを含む場合もあり（McGehee and Kim, 2004），広義には，農村で行われるすべてのツーリズムを包含するものとみることもできる（菊地，2008）．本章ではルーラルツーリズムを広義に捉えた上で，その見方・考え方について詳しくみていきたい．

7.2　日本におけるルーラルツーリズムの歩み

　日本におけるルーラルツーリズムの原初形態として，呉羽（2011）は，①武士

による鷹狩りや息抜きを兼ねた郊外の農村や森林の訪問・散策，② 果樹農業地域における観光農園，③ 積雪農村における農家民宿をあげている．例えば，①については，ヨーロッパにおいても上流階級や貴族が郊外の農村で乗馬や狩猟をしていたことが起源とされる．また，②については，当時の日本において希少な存在であった果実を眺めること自体が観光対象となったもので，山梨県甲州市(旧勝沼町) では1894（明治27）年時点で「甲州葡萄」を眺める遊覧園が開かれ，東京周辺からの見物客が押し寄せていたという（呉羽，2009）．その後，摘み取り（もぎ取り）や直売といった経営形態へと発展を遂げ，現在の観光農園が誕生したのである．また，③は大正末期から昭和初期にかけて白馬山麓などで始まった地元の農民が山案内を兼ねて登山者やスキー客を宿泊させて謝礼を受けとる形態が嚆矢とされる（石井，1970）．

　第2次世界大戦を経て，日本が高度経済成長期を迎えると，マスツーリズムが浸透し，農山漁村においても衰退する第1次産業の代替的な収入源として，海水浴場やスキー場周辺の民宿が注目されるようになった．また，入園料を支払い，主に果実を摘み取る観光農園も大都市近郊や観光客の集中する既成観光地周辺の農業地域に普及・定着した．長野盆地のリンゴ狩りなどはその典型といえる（林・呉羽，2010）．その後も，行政支援のもと，農村における観光・レクリエーション開発は全国的に進められた．農山村振興計画として1971年に農林省（当時）が提示した自然休養村制度は，農山村における余暇活動の基盤となり，1987年に施行された総合保養地域整備法（リゾート法）は外部資本による大規模な観光開発を促し，全国各地に多くのゴルフ場やリゾート施設を建設させた．しかし，バブル経済の崩壊以降は，外部資本による開発に代わって地元主導の内発的な開発の重要性が高まり，農村内に存在する資源を観光対象として活用するソフト面を重視した方法が模索されていった（荒樋，2008）．こうした中で，農林水産省によって1992年に初めて政策課題として取り上げられ，推奨されたのがグリーンツーリズムだったのである．

　一方で，上記の政策的な支援とともに，都市住民にルーラルツーリズムを浸透させていく上で大きな役割を果たしたのがメディアの存在である（立川，2005）．1990年代以降にみられるガーデニングやアウトドア関連情報の隆盛，癒しやスローライフを享受するための田舎暮らしについての肯定的な言説や報道は需要の喚起に大きな影響をもたらした．また，日本をはじめとする先進国における農業従事者の減少や都市化・都市的生活様式の浸透，国民の「農」に触れる機会の減

少といった社会・産業構造の変化は，農村という空間を，日常から切り離した非日常の空間として際立たせることとなった．そこに農村の観光・レクリエーション地としての需要の増加を見出すことができる．さらには，大量の団塊世代の定年退職に伴い，趣味で農作業を楽しみたい都市住民のニーズは増加傾向にあり，ルーラルツーリズムに対するまなざしを強めている．

　以上のようなことを背景に，日本のルーラルツーリズムの形態も農家民宿や観光農園・農産物直売所にとどまらず，棚田や果樹のオーナー制度，農家レストラン，市民農園，教育ファーム，ワーキングホリデー，ツーリズム大学，空き家・古民家の活用，ヘルスツーリズム（農業を楽しみながら健康回復・増進を図る）など多様化し，日本独自の段階に入ったとの指摘もみられた（青木，2010）．また，単なる体験から都市農村交流の充実を図るような動きも多くなっており，観光客が長期滞在や2地域居住といった段階や移住を決意するような形に発展する場合もみられる．加えて，農村や地域に根付いた食文化の商品化を進めるフードツーリズムのような形態に注目が集まることで，その食を育んだ地域に対する観光客1人1人の理解が深化し，それが農村をツーリズムの空間としてより成熟させたものにしていくとの見解もみられた（菊地，2008）．

　このように，従来は都市部に食料を供給する生産の場と認識される傾向の強かった農村は，余暇やツーリズムといった活動に代表される消費の空間としても評価されることが多くなっており，こうした傾向は生産主義からポスト生産主義への移行とみなすことができる（立川，2005）．住民の多くが農業を生業としている村落を農村と定義するならば，日本において厳密な意味での農村はほとんどなくなっていることになる．しかし，ルーラルツーリズムに対するニーズは高まりをみせている．このことは何を意味するのだろうか．その問いに対する1つの回答として，人々はそれぞれの頭の中にある農村像を求め，それを表象している（と考えられる）場所に魅力を感じ，その地を訪れ，何かしらの活動や商品，サービスに対価を支払っているのである．換言すれば，それは，農村らしさというイメージ（記号）を消費しているとみなすこともできよう．このため，農村にとっていかに農村らしさ（ルーラリティ）を構築していくかがルーラルツーリズム，ひいては農村空間の商品化を進める上で重要となっている（Cloke, 1993；高橋，1999；Woods, 2005）．

7.3 ルーラルツーリズムを眺める

　本節では，ルーラルツーリズムの見方について青森県南部町を事例に考察していきたい（図7.1）．ここでいう見方とは，どういう活動や取り組みが実際に行われているのかを具体例をもとに考えていくということである．

　青森県南部町名川地域（旧名川町）は青森県において先駆的に農業・農村の観光化を地域振興の核としてきた．名川地域は八戸市の西約20kmに位置し，果樹栽培が盛んに行われている．一般に青森県の果樹栽培は，全国一のリンゴ生産量を有する弘前市など県西部の津軽平野を中心に展開されてきた（図7.1）．『作物統計』の果樹項目（市町村別データ）を例にすると，南部町は，弘前市（8669 ha），青森市（1798 ha），平川市（1673 ha）に次ぐ，県内第4位となる1560 haの結果樹面積（果実が結実する面積）を有し，県東部（南部地方）における果樹栽培の中核を担っている．リンゴ栽培に特化する津軽地方に比べ，南部町は多様な果実を組み合わせた農業経営を行う点が特徴となっている．このため，南部町の全結果樹面積に占めるリンゴの比率は66.7％と弘前市（98.6％）やその周辺に比べてそれほど高くないことがわかる（図7.1）．その一方で，サクランボ（12.7％）やウメ（9.4％）の比率が他市町村に比べて高くなっている．これはリンゴ以外の品目の栽培にも力を注ぐことで，県内他産地との差別化を図ってきたことによる．特に，サクランボは北東北3県でみた場合，最大規模の産地を形成しており，こうしたことがサクランボを利用した農家の観光農園経営や直売を積極的に行うこ

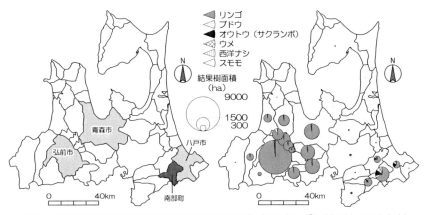

図7.1 青森県南部町の位置と市町村別にみた結果樹面積（2006年）（『作物統計』により作成）

とにつながっている（林，2007）．

当地では，1977年から複数の農家が観光農園を経営し始め，町も徐々に観光農園への需要が存在することを認識していった．こうした中で1986年に町をあげて，「名川さくらんぼまつり」が実施されたのである．町はサクランボ狩りを行う農家を募り，イベント宣伝費として予算を確保した．イベントの期間は6月下旬から7月下旬までの1か月で，期間中には，サクランボ狩りに加え，農家ホームステイ，サクランボジャムの加工体験，サクランボ種とばし大会，マラソン，歌謡・舞踊・バラエティショー，交流会，もちつき大会など数多くのイベントが開かれた．1993年には，農林水産省のグリーンツーリズムモデル整備構想策定地区に指定された．また，イベントの際に特産の果実を活用した加工品を販売するため，女性農業者による特産品研究会が組織された．さらに，農産物や加工品を周年的に販売するための直売所の開設が農家より要望され，「名川チェリーセンター」が建てられた．その活動を支える名川チェリーセンター101人会は女性農業者によって構成される．会員が直接レジに立ち，消費者・観光客と接することが，生産者としての自覚と営農意欲の向上に寄与している．また，1993年には農業体験修学旅行の受け入れを開始した（図7.2）．この取り組みは首都圏や近畿圏の中学校・高等学校に広く利用されている．

その後も町はさまざまな補助事業を用いて，宿泊施設や体験実習施設，食堂などを整備した．2002年の八戸駅への新幹線開通に際しては，農業（農産物）を活かした周年型のルーラルツーリズムの取り組みとして「四季のまつり」を開始している（図7.3）．これはサクランボ以外の果実を利用することで観光農園の営業期間を延長し，さらに剪定や摘果といった農作業体験や果樹の花見といった内容も組み込むことで，1年を通して大都市圏からの集客を図るものである．大都市近郊の観光農園の場合，個人単位で営業する農家も多く，商品とする農作物の収穫期は限られるため，入園可能な時期も限定的になることが多い．しかしながら，当地では農家と行政が一体的にイベントやプログラムの企画，宣伝や広報を行っている．このため，体験メニューごとの参加農家数

図7.2　農業体験修学旅行の風景
（2004年5月撮影）

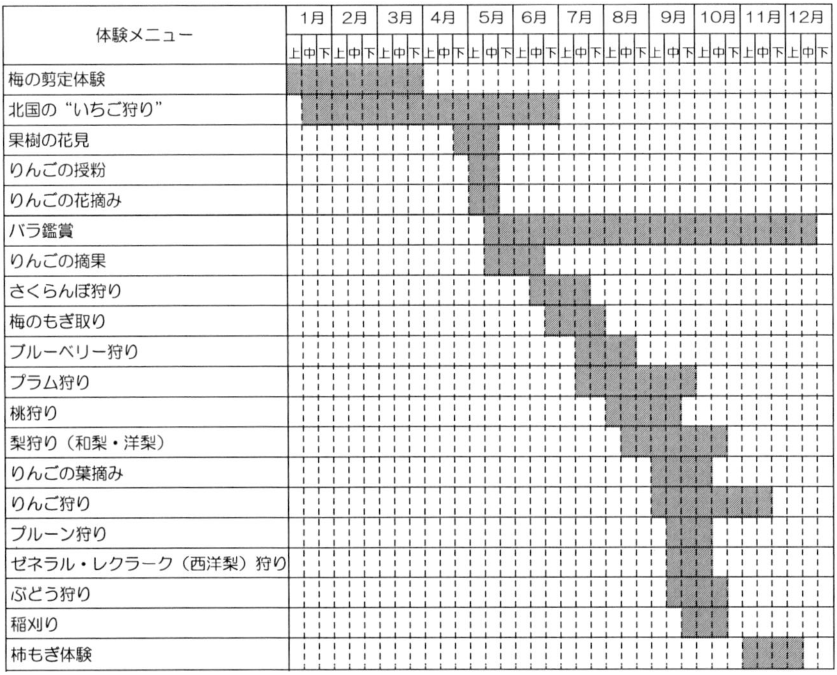

7.3 ルーラルツーリズムを眺める

体験メニュー	1月	2月	3月	4月	5月	6月	7月	8月	9月	10月	11月	12月
梅の剪定体験	■■■	■■■	■■									
北国の"いちご狩り"	■■■	■■■	■■■	■■■	■■							
果樹の花見				■■	■							
りんごの授粉					■■							
りんごの花摘み					■■■							
バラ鑑賞						■■■	■■■	■■■	■■■	■■■	■	
りんごの摘果						■■■	■					
さくらんぼ狩り						■■	■					
梅のもぎ取り						■■	■					
ブルーベリー狩り							■■■	■■				
プラム狩り							■	■■				
桃狩り								■■■	■			
梨狩り（和梨・洋梨）								■■	■■■	■		
りんごの葉摘み									■■■	■		
りんご狩り									■■	■■■	■	
プルーン狩り									■■	■		
ゼネラル・レクラーク（西洋梨）狩り										■■■		
ぶどう狩り									■■	■■■		
稲刈り									■■	■		
柿もぎ体験										■■■		

図 7.3 達者村農業観光振興会による農業観光 "四季のまつり" のメニュー（青森県南部町商工観光課発行『なんぶの旅』により作成）

や年間の利用者数に偏りはあるものの，町全体の取り組みとしてみた場合には，1年を通して何らかの活動が用意されることとなる．つまり，1年の多くの期間において収穫や農作業を体験したい観光客のニーズに応えることを可能にしている．

こうした取り組みが評価され，旧名川町は青森県が提唱した「あおもりツーリズム創造プロジェクト」のモデル事業『あおもり「達者村」開村モデル事業』を行うこととなり，2004年10月9日に「達者村」を開村させた（図7.4）．旧名川町は2006年に，隣接する福地村・南部町（なんぶまち）と合併し，南部町（なんぶちょう）となったものの，「達者村」の取り組みは旧名川町を中心に合併した町村の資源や人材も活用しつつ展開している．なお，ここでいう開村とは，「達者村」という新たな行政村ができたということではなく，ルーラルツーリズムに関わる取り組みを行う場所を疑似的に「達者村」と称している．達者とは，健康で長生きし，物事に熟達することを意味するが，交流によって来訪者も町民もと

7. ルーラルツーリズムの見方・考え方

図7.4 名川町役場（当時）に掲げられた達者村開村の垂れ幕と受け入れ農家の看板
（左：2004年11月，右：2007年5月撮影）

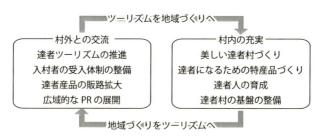

図7.5 青森県南部町における「達者村」のコンセプト（南部町名川地域
（旧名川町）提供資料をもとに作成）

もに達者になることを目指したプロジェクトである．村外との交流を通し，村内の充実（村づくり）を図り，それが，ツーリズムのニーズや魅力を高めるという循環型のルーラルツーリズムを目指す点に特徴がある（図7.5）．また，単なる農業体験にとどまらず，来訪者と地元住民の交流を発展させ，来訪者の長期滞在や2地域居住，そして将来的には定住してもらうことを目指している．前述した「四季のまつり」のほかにも，大手人材派遣会社と連携した農業インターンプロジェクトによって農業に関心のある大都市圏の青年が研修に訪れている．また，安全・安心・健康をキーワードに，特産品の中でも優れたものに「達者村認証産品」マークを表示している．さらに，豊かな自然を背景にした山野や町並み，田園景観を眺めることで心が癒され，健康（達者）になれるようにと，優れた景観を「達者村百景」に選定している．そのほかにも，観光客を花に彩られた景色の中で迎えるための「花壇コンクール」などの企画も実施されている．開村直後のモニターツアー（2004〜2005年）では，収穫・加工体験のほか，昔話の語り聞かせや

郷土芸能（えんぶり）の鑑賞，郷土料理（せんべい汁など）を食べつつ，宿泊先の農家と語りあう機会が設けられた．参加者からは，普段のツアーでは知りえない農家の抱える問題や悩みを知ることができたといった感想も聞かれたという．

　上記の取り組みは，単にレジャーとして当地を訪問し，楽しむのみならず，実際に，この地域の抱える問題や現状を観光客に理解してもらうことも可能にしており，交流を協働や支援といった形に発展させていくための可能性を秘めている．ここで特筆すべき点は，こうした取り組みを篤農家が個人的に行うのではなく，行政と連携し，ハード面・ソフト面での支援を受けながら行ってきた点と，女性農業者も主体的に活躍できる基盤を整備しつつ，取り組みが実践されてきた点である．青森県内の多くの市町村でも同様に国や原発関連の助成金が交付されてきたが，農業振興による地域活性化を念頭に一貫してルーラルツーリズムに関連するソフト・ハード両面の整備を進めてきた点に旧名川町の強みがある．そういった意味では，もともと果樹栽培の盛んであることに起因した生産活動や多くの観光農園の存在，女性農業者を中心に直売所で農産物の販売・加工品の商品化を行ってきた実績，農業体験修学旅行の受け入れ経験といった農業と観光業を有機的につなぐ取り組みが多様に存在し，それを専業・兼業にかかわらず多くの農家が担ってきたことが現在の活動を大きく支えているといえる．また，サクランボを核に農業を観光振興の軸におくという姿勢を貫いてきたことは，農業生産およびそれに付随する農村景観の維持を可能にした．このことは，当地におけるルーラルツーリズムの持続性を高めるとともに，常に新しい取り組みを模索する姿勢や気風をこの町にもたらした．

　例えば，南部町名川地域内のA農家を例にすると，サクランボ狩りの発展に

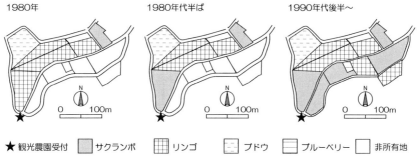

図 7.6 青森県南部町名川地域におけるA農家の観光農園周辺の土地利用変化（聞き取りおよび現地調査により作成）

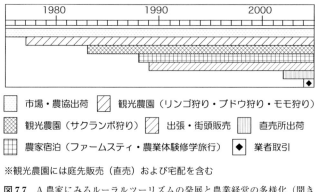

図 7.7 A 農家にみるルーラルツーリズムの発展と農業経営の多様化(聞き取りにより作成)

伴い,サクランボの栽培面積を増やし,その後,周辺の財産区有地を耕作用に取得し,サクランボはもちろんのこと,リンゴの栽培面積も増加させていることがわかる(図 7.6).また,ブルーベリーの栽培にも着手しており,ルーラルツーリズムの発展とともに,観光農園周辺の園地の規模拡大と多品目化を進めている.A 農家では,農業体験修学旅行の受け入れや町の直売所への出荷も積極的に行うとともに,農園個人のウェブサイトも有しており,ルーラルツーリズムの開始が農業経営および販路の多様化を促したことがわかる(図 7.7).

7.4 ルーラルツーリズムを考える

これまでみてきたように,ルーラルツーリズムは,ホスト側に対して,経済的な利益に加え,地域資源の発見や地元の再評価といった地域アイデンティティの醸成や既存産業(ここでは主として農業)の維持,都市農村交流に伴う営農・販売意欲の向上,地域づくりの機運の高まりに貢献する可能性をもっていることが明らかとなった.また,ゲスト(観光客)に対しても,単なる余暇にとどまらず,癒しや教育面での効果も有していた.

しかしながら,ルーラルツーリズムの進展は,一般にいくつかの問題を浮き彫りにすることもある.その 1 つが,体験主義の事業化・画一化である.農家民宿への宿泊や農業体験,食品加工やクラフト体験といったような活動がメニューとして一般化するとともに,没個性化し,表面的な体験になってしまうのである.これは,ある程度の人数を受け入れることや近隣地域の類似した取り組みに比して,メニューで見劣りしたくないといった意識から,ある種「総花的」に体験可

能な内容を揃えること自体が目的化してしまったことによるものである．このことは，結果として，その地域ならではの個性（場所性）を失わせ，その地域やそこで暮らす人々の生活・文化の魅力やリアリティを減じさせてしまうことにもつながりかねない．

　また，観光化が進展する過程で，観光業のみに意識や支援が向かい，本来の「売り」であるはずの農業生産や景観が廃れてしまっては本末転倒である．つまり，ルーラルツーリズムの源泉となる田園地帯の存立なしには，消費者・観光客に提供する「商品」をルーラルツーリズムはもちえないのである（Freischer and Tchetchi, 2005；Garrod et al., 2006）．このことは，結果として農業および観光業の双方を打ち消すことになる．一方で，ルーラルツーリズムがレジャー産業である以上，消費者を楽しませることが目的であって，農業や農村問題について深く考えさせる機会としては十分に機能していないという指摘も考慮する必要がある（神門，2006；菊地，2007）．さらには，高齢化の進む中にあって，次代の担い手を育成していく緊急性や特定の担い手にかかる過重負担の解消，インバウンドツーリズムとして日本のルーラルツーリズムを盛り立てていくための方策なども早急に改善が必要となろう．

　こうした点にまで踏み込んでルーラルツーリズムのあり方を考えていくことが，ホスト側には求められる．それは同時に外部者のまなざしに翻弄されながらも，地元主導のツーリズムとして舵取りをし続けることが，いかに難しいことであるのかを示しているともいえる．メディアや政策によって喧伝される農業・農村賛美の言説や旅行会社・観光客の要望に対して，ホスト側は翻弄されるだけでなく，来訪者にその地域の自然や文化，歴史を敬い，学ぶ姿勢やその地域の抱える課題を共感的に理解してもらい，協働や支援へとつながっていくような方向へと舵を切っていくことも長い目でルーラルツーリズムの発展を考えていくためには重要である．

［林　琢也］

●身近な「農」を知り，楽しむ

　これまでみてきたように，国民の「農」に接する機会の減少は，「農村」を非日常化させている．とはいえ，こうした場所や要素は，意識しないだけで，私たちが日常的に暮らす空間の中にも十分に残っている．

　例えば，岐阜県の県庁所在地である岐阜市を例にしてみよう．岐阜市は県内

の商業や政治・経済の中心地である．その一方で，市内の耕地の多くは，市街化区域内に残存している．岐阜市を南北に分ける長良川の右岸にはブドウの栽培が盛んな地域があるが，その一部は市街化区域に指定されており，都市化の影響を強く受けるとともに，営農環境も悪化している（林編著，2013）．市街地に近接する中で，農家はどのように農業を継続させているのか，その現状と対策を考えるため，筆者は勤務校で担当する実習系の講義の中で，学生に援農体験と農家への聞き取り調査をしてもらった．以下は，受講生の中でも岐阜市内に実家があり，幼少期よりこの地で生活してきた学生の感想の一部である．

　学生A：道路沿いの直売所でブドウを購入したことはあったが，ブドウ狩りに行ったのは初めてで，とても新鮮な体験ができてよかった．普段，気に留めていなかったブドウ園や直売所の景色であったが，生産者と消費者とが密接に関わり合える場所であることがよくわかった．
　学生B：実際に果樹園の中に入ったときに見える住宅や道路が近接する景色は，これが都市近郊農業というものだと物語っているように思えた．ここで農作業をしていくには機械音や農薬の使用にも配慮しなければならないという話を聞き，そのようなことまで余計に考えなければならないのは大変だと思った．その一方で近隣住民の方とブドウの緑を一緒に楽しむことができたり，収穫期にお裾分けをすることで，収穫の喜びを分かちあうことができるという話を聞き，努力した分，喜びも大きいのだということがわかり，それが都市化の進む地域で農業を続ける力となっているのだと感じた．

　こうしたコメントは，日常的な生活圏や普段は何気なく通り過ぎてしまうような場所であっても，関係者との触れ合いによって新たな発見があり，日常とは異なる場所感覚をもちうることを示している．観光とは非日常の空間を訪れるものであるが，説明や体験次第では，ありきたりな日常の延長線上にも，これまでにない経験や感動を与えてくれる場所や素材は潜んでいるのである．身近な環境の中にある「農」に触れることで，地元の「再発見」や問題点を知り，それに対して何かをしたいという感情や意識をもち，継続的な交流や余暇の対象として発展することもあるのではないだろうか．

文　献

青木辰司（2010）：転換するグリーン・ツーリズム―広域連携と自立をめざして―，学芸出版社．
荒樋　豊（2008）：日本農村におけるグリーン・ツーリズムの展開．グリーン・ツーリズムの新展開――農村再生戦略としての都市・農村交流の課題（年報村落社会研究第43集，日本村落研究学会　編），農山漁村文化協会，7-42．

石井英也（1970）：わが国における民宿地域形成についての予察的考察．地理学評論，**43**：607-622.

菊地俊夫（2008）：地理学におけるルーラルツーリズム研究の展開と可能性―フードツーリズムのフレームワークを援用するために―．地理空間，**1**：32-52.

呉羽正昭（1999）：日本におけるグリーン・ツーリズムの展開と愛媛県の状況．愛媛県における多自然居住地域振興方策研究，愛媛県社会経済研究財団，152-172.

呉羽正昭（2009）：東山―観光果樹農業―．日本農業の維持システム（田林　明・菊地俊夫・松井圭介 編著），農林統計出版，234-259.

呉羽正昭（2011）：日本におけるルーラル・ツーリズムの展開―ルーラリティの消費に着目して―．愛媛の地理，**21**：57-64.

菊地　暁（2007）：コスメティック・アグリカルチュアリズム―石川県輪島市「白米の千枚田の場合―．ふるさと資源化と民俗学（岩本通弥 編），吉川弘文館，86-104.

神門善久（2006）：日本の食と農――危機の本質，NTT出版．

高橋　誠（1999）：ポスト生産主義，農村空間の商品化，農村計画―農村性の社会的構築に関するノート（2）―．情報文化研究，**9**：79-97.

立川雅司（2005）：ポスト生産主義への移行と農村に対する「まなざし」の変容．消費される農村――ポスト生産主義下の新たな農村問題（年報村落社会研究第46集，日本村落研究学会編），農山漁村文化協会，7-40.

林　琢也（2007）：青森県南部町名川地域における観光農業の発展要因―地域リーダーの役割に注目して―．地理学評論，**80**：635-659.

林　琢也編著（2013）：長良ぶどう発達史，長良ぶどう部会・記念誌出版実行委員会．

林　琢也・呉羽正昭（2010）：長野盆地におけるアグリ・ツーリズムの変容―アップライン（国道18号）を事例に―．地理空間，**3**：113-138.

横山秀司（2006）：観光のための環境景観学―真のグリーン・ツーリズムにむけて―，古今書院．

Cloke, P. (1993)：The countryside as commodity：New rural spaces for leisure. Leisure and the Environment：Essays in honour of Professor J.A. Patmore (Glyptis, S. ed.), Belhaven Press, 53-67.

Freischer, A., Tchetchik, A. (2005)：Does rural tourism benefit from agriculture?. *Tourism management*, **26**：493-501.

Garrod, B., Wornell, R. and Youell, R. (2006)：Re-conceptualising rural resources as countryside capital：The case of rural tourism. *Journal of Rural Studies*, **22**：117-128.

Lane, B. (1994)：What is rural tourism?. Rural tourism and sustainable rural development (Bramwell, B. and Lane, B. ed.), Channel View Publications, 7-21.

McGehee, N.G. and Kim, K. (2004)：Motivation for agri-tourism entrepreneurship. *Journal of Travel Research*, **43**：161-170.

Sharpley, R. and Sharpley, J. (1997)：Rural Tourism：An Introduction. International Thompson Business Press.

Woods, M. (2005)：Rural Geography. SAGE Publications.

ジオツーリズムの見方・考え方

8.1 ジオツーリズムの背景

　ジオツーリズムは，地球科学的観点から地球のダイナミズムやメカニズム，地球と生命との相互関係について景観を読み解きながらたどる観光形態の1つである．そもそも「ジオ」(geo-)という言葉は「土地・大地」を示す接頭語であるだけでなく，地質学（geology）や地理学（geography）に代表されるように地球科学的なものの見方を示す言葉でもある．

　このジオツーリズムが登場した背景には，自然環境を保全・保護しながら持続可能な開発を達成することを国際社会が目指し，実践するようになったことがあげられる．1992年にリオデジャネイロで開催された地球サミットで「アジェンダ21」が採択され，同年，ナイロビで開催された会議にて「生物の多様性に関する条約」が成立し，生物圏に対する保護保全の国際的な枠組みやネットワークが形成された．これに伴いエコツーリズムをはじめとした持続可能性を求めるツーリズムが登場した一方で，岩石・露頭，鉱物・鉱物関連資源，化石，地形・景観などのジオ遺産（geoheritage）やジオツーリズムに対する国際的な認識は必ずしも高いものではなかった．

　1991年にジオ遺産の保全保護に関する重要な国際会議がフランスのディーニュで開かれた．そこで採択された「地球の記憶（the memory of Earth）権利宣言（ディーニュ宣言）」では，岩石や景観に刻まれた「地球の記憶」を地球遺産（earth heritage），すなわちジオ遺産として保全保護する必要性を示した．このディーニュ宣言後，ジオ遺産の保全保護と地球科学教育の普及，ジオツーリズムの振興を通じて地域の持続可能な開発を実践することを目的としたジオパークの活動へとつながることとなる．

　日本では新潟県糸魚川市で1980年代に地域振興政策としての「ジオパーク構想」があったものの，実際に動きはじめたのはユネスコの支援の下，国際的なネットワークに基づきジオ遺産の保全保護とジオツーリズムの振興が推進されるジオパーク活動は，1990年代から2000年代にかけてであった．外国からジオパー

クを導入するにあたり問題となったのが「geo」もしくは「geology」の日本語訳である．通常 geology は地質学と訳されるが，この訳は狭義の地質学として解釈されており，広義の地質学を想定させるものではなくなっていたためである（渡辺・宮野，2011）．

そこで，日本ジオパーク委員会はジオパークを「大地の公園」，geoheritage を「大地の遺産」として説明した．とはいえ，2014 年 8 月時点で準備地域を含めると，日本国内には 50 以上のジオパークに取り組む地域があり，一定程度の知名度を得ていると考えられることから，ここでは「ジオパーク」を用いることとする．一方，geoheritage については，「大地の遺産」のほかに「地形地質遺産」「地球遺産」，「地球活動遺産」などの訳語を使用する場合もあり，共通認識が得られているとは言い難い状況にあることから，ここでは「ジオ遺産」を用いることにする．

8.2　ジオツーリズムとは何か

ジオツーリズムには 2 つの解釈が存在する．1 つは「地球科学的現象に対する学習や理解，楽しみを目的とした観光形態」という狭義の解釈であり，もう一方は「地球科学的観点に基づいた地域性の学習や理解，楽しみを目的とした観光形態」という広義の解釈である．

前者はジオ遺産の保全保護の機運が高まる以前から存在する解釈である．これはジオ遺産を観光の対象として，そこから読みとる地球科学的現象を学び楽しむことを目的とする地学観光である（Hose, 2004）．これは自然散策など他の観光形態に付随して地球科学的な解説がなされる場合もあり，観光形態としてはニッチなものであった．

一方，後者はジオパークの発展に伴い，広く社会に働きかけるものとなり，地学観光を土台としながら，生物や文化といった他分野も取り込んでいくようになった．先述のディーニュ宣言においても，地球の歴史と生命の歴史は不可分であるとしている．現在では地球科学的観点からみた自然景観のあり方を認識しつつ，その上で繰り広げられる動植物の姿や人間の歴史・文化を取り入れることで自然科学および人文社会科学の統合を推進していく方向にある（Komoo and Patzak, 2008）．

2011 年にポルトガルのアロウカジオパークでジオツーリズムに関する国際会議が開催された．そこで採択されたアロウカ宣言ではジオツーリズムを「地域ア

イデンティティを持続し，それを向上するためのツーリズムである」（注，筆者訳）として，「その場所の地質，環境，文化，美的価値，遺産と住民の福祉が考慮されるものであり，地学観光はそこに含まれる多様な要素の1つである」（筆者訳）としている．まさに地域性を対象としたツーリズムの振興へと舵を切ろうとしているのが示されている．また，同宣言の中で地学観

図 8.1　竹野海岸（兵庫県豊岡市）でのジオツアーの様子（2012年撮影）

光を「地球上の生命の歴史を守り，広め，慈しむための基本的なツールである」（筆者訳）とした上で，地学観光を通じて来訪者が約46億年続く地球の歴史から現代を俯瞰し，人類の未来を考えることを可能にすると指摘している．

　しかしながら，それまでジオ遺産についての知識や情報は専門家や愛好家に向けたものであり，それ以外の人々が容易に理解できるものではなかった．そのため，物言わぬジオ遺産がもつそのストーリーを構築し，来訪者の好奇心や感性を刺激するような解説が求められた．もちろん，これは地球科学の知識や情報の一方的な伝達で達成されるものではない．来訪者がもつ知識や経験からジオ遺産への理解を深め，新たな発見を促し，来訪者自らの興味関心を広げるよう手助けすることが重要となる．

　現在，ジオツーリズムを推進するジオパークでは，ジオガイドの育成，博物館やビジターセンター，インフォメーションセンターなどの拠点施設の整備，案内看板や説明看板の設置，パンフレットやチラシ類の発行，ウェブサイトの構築，携帯アプリの開発，ジオツアーの開催，新商品・サービス開発などハード・ソフト両面から整備が行われている．また各地で開催されるジオガイドによるジオツアーも，徒歩やバスで周遊する解説重視のものから，船やダイビング，カヌーなどで行うアクティビティを重視したものまで多様化している（図 8.1）．

8.3　ジオツーリズムの実践　─ジオパークの取り組み─

　ジオパークはユネスコ支援の下，国際的なネットワークを構築し，ジオ遺産の保全保護，地球科学教育の普及，ジオツーリズムの振興を通じて持続可能な開発を進めている．ここからは，ジオツーリズムを実践しているジオパークの取り組

みについて紹介する．

8.3.1　ジオパークとは

　ジオパークにはジオ遺産の保全保護，地球科学教育の普及，ジオツーリズムの振興を通じて持続可能な開発を実践することが求められる．ある地域がジオパークとなるには ① 任意のテリトリーをもつこと，② 公的機関や地域社会，民間団体による運営組織と管理計画や財政計画をもつこと，③ 地域の伝統と法に基づきジオ遺産を保全保護すること，④ ジオツーリズムの振興を通じて「持続可能な開発」に貢献すること，⑤ ネットワーク活動に貢献することなどが求められる．そのため，地球科学的観点から重要で貴重とされる景観や単なる景勝地ということだけではジオパークとはなりえない．そこには，ジオパークの活動を推進するローカルコミュニティ，つまりは「人」が重要となる．

　さらに，アロウカ宣言では，「自然環境やジオ遺産がもつ価値，文化的価値，歴史的価値，風光明媚な場所としての価値に焦点をあて，そこからローカルアイデンティティを構築し，環境十全性，社会的公正，持続可能な経済開発を獲得するよう努める」（注，筆者訳）ことも求められるようになった．つまり，「地域アイデンティティの構築（もしくは再構築）」である．経済のグローバル化により経済活動を含む地域文化の喪失が指摘される中で，ジオパークの枠組みを通じて今一度，地域固有の自然環境と文化のあり方を再考し，地域アイデンティティを構築（もしくは再構築）しようとする方向へと展開した．

　このジオパークの活動を推進しているのが世界ジオパークネットワークである．世界ジオパークネットワークは 2004 年に設立され，2014 年 8 月時点で世界 30 か国 100 地域が加盟している．世界ジオパークでは 4 年ごとに再審査が行われ，ジオパークとしての活動が評価される．その際，世界ジオパークとしての水準を満たしていない場合はネットワークから除外される．世界ジオパークネットワークのほかに地域ネットワークとしてヨーロッパジオパークネットワーク，アジア太平洋ジオパークネットワーク，アフリカジオパークネットワークがあり，日本や中国，イタリアなどでは国内のジオパークネットワークが形成されている．このようなネットワーク活動を通じて，ジオパーク間で知識と経験を共有しつつ地域の持続的な開発を実践している．

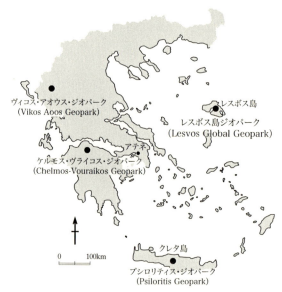

図 8.2 ギリシャのジオパーク（2013 年）（UNESCO Global Geoparks Website により作成）

8.3.2 世界のジオパーク ― レスボス島ジオパーク（ギリシャ）―

2013 年 7 月時点でギリシャにはレスボス島ジオパーク，プシロリティス・ジオパーク，ヴィコス・アオウス・ジオパーク，ケルモス・ヴライコス・ジオパークの 4 つの世界ジオパークがある（図 8.2）．このうち 2004 年の世界ジオパークネットワーク設立時から世界ジオパークとして活動し，2012 年にレスボス石化林ジオパークからテリトリーを拡大したレスボス島ジオパークをみてみよう．

レスボス島はトルコと海をはさんで接するエーゲ海の北東部に位置する面積約 1600 km^2，人口約 10 万（2013 年時点）の島であり，気候は温暖な地中海性気候で，主要産業はオリーブ生産を中心とした農業と観光である．観光客の多くはアテネ，ギリシャ北部からやってくる．またオランダ，トルコ，ドイツからの観光客も多い．中心都市は島東部に位置するミティリニで役所，空港，港，エーゲ大学ミティリニ校，総合病院などが立地する．

レスボス島ジオパークを代表するジオサイトは島西部に位置するレスボス石化林国立公園である．これは約 2000 万年前からの火山活動により火山灰に埋まって化石となった森林である．この石化林が 18 世紀半ばに紹介されると，ヨーロッパ各地から研究者や観光客たちが訪れるようになり，珪化木のサンプルが国外

に持ち出される事態となった．この石化林を保護するため，1966年に一部地域が国の管理下におかれ，さらに石化林がもつ地質学的，生態学的，古生物学的な重要性を示すために，1985年にこのエリア一帯が国の天然記念物に指定された．その後，1994年にレスボス石化林自然歴史博物館が設立され，2000年からジオパーク活動が始まった．

レスボス石化林国立公園では，自然散策路が整備され，発掘された珪化木が現場保存されている．図8.3はレスボスを代表する巨大セコイアである．この巨大セコイアは高さ約7m，周囲約8.5mあり，立ち木のまま保存される珪化木の中では世界で最大である．珪化木は水に弱いため，特殊なシリコンを使って保全されているのはもちろんのこと，保護のために川の流路も変えた．個々の珪化木に解説看板はなく，その代わり脇に数字があり，個々の説明は公園入り口の売店で販売されているガイドブックにこの番号に対応して記載されている．もちろんガイドツアーも行われている．

図8.3　レスボス石化林公園の巨大セコイア（2013年撮影）

ジオパークを運営するレスボス石化林自然史博物館は，島西部のシグリに位置する．博物館内には展示室，石化林の発掘体験施設や地震体験装置の他，地元の商品を販売する土産物店，地元の女性団体ウーマンコーポラティブが島の伝統料理を提供するカフェが併設されている．発掘体験をする「小さな古生物学者」や石化林の形成プロセスを学ぶ「セコイア林での冒険」，防災教育に力点をおいた「地震のメカニズムを知る」など約20種類の充実した教育プログラムを用意しており，レスボス島内の学校はもちろんのこと，ヨーロッパ各地の学校が利用している．

2012年にジオパークのエリアを拡大したことにより遺跡，修道院，教会，窯元，城，温泉地などの文化サイトが登場した．この中で現代へと続く陶器生産にまつわるジオストーリーをみてみよう．ミティリニから海岸沿いを北へ車で30分程度のところに位置するテルミ遺跡は初期青銅器時代の陶工たちの村である．ここでは発掘された居住区と作業区の遺跡を保存展示し，観光客は当時の街路，住宅

の空間利用，作業場の窯跡を見ながら，遺跡の中を歩くことができる．要所に解説看板も設置され，遺跡入り口にはビジターセンターと研究室，収蔵庫が併設されている．ここで発掘された陶器の一部はミティリニ市内にある考古学博物館に収蔵展示されている．

テルミ遺跡からさらに北へ向かうとマンタマドスという村にたどり着く．ここに初期青銅器時代からの製法を受け継ぐ最後の窯元がある．島にはいくつかの窯元があるが，伝統的な製法に基づいて生産しているのは，この窯元1軒である．ここではレスボス島にある火山岩から粘土を作り，ろくろを使って成形して乾燥させ，オリーブオイル工場から仕入れたオリーブの残渣を燃料に窯で焼き上げる．出来上がった素朴で温かみのある陶器は，博物館やミティリニ市内の土産物店で販売されている．この陶器の製法は初期青銅器時代から変わらず約5000年間継承されているが，2013年現在，この技術を継承する後継者はいない．そこで，博物館が中心となりこの陶器の製法の技術継承方法を模索している．

8.3.3　日本のジオパーク

世界ジオパークネットワークが設立された2004年，日本では日本地質学会で最初のジオパーク集会が開催された．その後，2007年に日本ジオパークネットワークの前身である日本ジオパーク連絡協議会が発足し，2008年には7地域の日本ジオパークが誕生した．2009年には日本ジオパーク連絡協議会が日本ジオパークネットワークとなり，洞爺湖有珠山（北海道），糸魚川（新潟県），島原半島（長崎県）の3つのジオパークが日本初の世界ジオパークの認定を受けた．2014年8月時点で日本には35か所のジオパークがある（図8.4）．このうち先述の3地域と山陰海岸（京都府，兵庫県，鳥取県），室戸（高知県），隠岐（島根県），阿蘇（熊本県）の7地域が世界ジオパークネットワークに加盟している．

日本列島は大地震の発生，火山の噴火，大津波の発生が特徴的な弧状に並ぶ島国であり，地球のダイナミズムを今もなお大地に刻み続けている（尾池・加藤・渡辺，2011）．有珠山（北海道）や桜島（鹿児島県）などの火山活動を続ける山々や，2011年3月11日に発生した東北地方太平洋沖地震とそれに伴い発生した大津波など，現在も動き続ける大地の上に人々の暮らしがある．日本各地のジオパークでは，それぞれの地域の地学的特徴とそこで育まれた生命，文化をジオストーリーとしてアレンジし，ジオツーリズムの振興に活用している．

例えば2011年に世界ジオパークネットワークに加盟した室戸ジオパークは高

8.3 ジオツーリズムの実践 —ジオパークの取り組み—

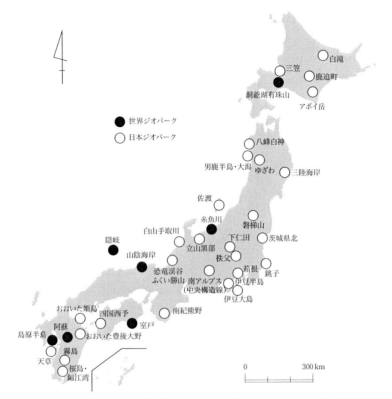

図 8.4 日本のジオパーク（2014 年）（日本ジオパークネットワークのウェブサイトより作成）

知県東端に位置する室戸市 1 市で構成されるジオパークであり，人口約 1 万 5000（2014 年 9 月時点）を有するエリアである．「海と陸が出会う最前線」というジオストーリーを提供する室戸ジオパークには，室戸岬沖にある南海トラフで発生する南海地震を，陸地で目撃してきた生物がいる．それはゴカイの一種であるヤッコカンザシである．

ヤッコカンザシは海面付近に生息

図 8.5 室戸岬にあるヤッコカンザシの巣の化石（2012 年撮影）

する生物であるが，海面よりも高い地点に複数の巣跡がある（図 8.5）．これは地震の発生によって土地が隆起し，そのたびにヤッコカンザシの巣が海面へと移動したことを物語る．また，巣の年代を測定することで，地震の起きた年代やその間隔，土地がどのくらい隆起したのかを知ることができる．室戸岬には散策路があり，案内看板，解説板も設置されている．中岡慎太郎像に隣接する室戸ジオパークインフォメーションセンターでは，展示コーナーやビデオコーナーが開設され，パンフレット類も配布されている．また，地元ジオガイドによる土佐弁での軽快なガイドも来訪者に好評である．

　台風銀座とも呼ばれる台風常襲地の室戸には，人々が台風に備えた暮らしが町なみとして残るジオサイトがある．それが室戸市吉良川町に残る吉良川の町なみである．吉良川の家屋は軒を低くし，家の周りを「いしぐろ」という石垣で囲っている．これは強風から家屋を守るためである．壁には土佐漆喰が塗りこめられ，屋根には水きり瓦という小屋根がつけられており，横なぐりの風雨から家屋を守り，長持ちするように工夫をしている．もともと吉良川は江戸時代から明治時代にかけて物資の集散地として栄えた．ここから大阪方面へと，木炭や薪，木材，クジラや鰹節などの水産品などが運ばれ，大阪から食品や日用雑貨品が持ち込まれた．現在，この地区は国の重要伝統的建造物群保存地区に指定され，山側には土佐備長炭の生産地が広がっている．

8.4　ジオツーリズムの展望

　ジオパークネットワークが始動する前から，ジオツーリズムは地学観光という形で存在した．それは専門家や地学愛好家を対象としたニッチツーリズムの1つであった．ジオ遺産の保全保護とその活用がジオパークネットワークを通じて国際的にも拡大する中で，ジオツーリズムもその概念や解釈が変化・拡大し，地球と生命，文化との相互関係までもその対象とされるようになった．もちろんこれはジオツーリズムが地学観光でなくなったということを意味するのではない．ジオツーリズムは地学観光も包摂し，かつ，地球と生命との相互関係までも対象としているからである．

　その際，重要となるのがこれらのインタープリテーションである．これは地球科学が社会に対して果たす重要な役割の1つである．これまで地球科学が培ってきた知識や情報を地域や社会に伝達し，それらを広く共有することで，新たな学習機会や観光機会を生み出し，ひいては地域経済にもよい循環をもたらすものと

なるであろう．今後，ジオパークやジオツーリズムを切り口に，ジオ遺産の保全・保護，地球科学教育の普及，経済的成功を伴う地域振興を行い，地域アイデンティティを構築（もしくは再構築）しながら，持続可能な開発を実践し続けることが求められる．

[新名阿津子]

●山陰海岸ジオパーク

　山陰海岸ジオパークは「日本海形成に伴う多様な地形・地質・風土と人々の暮らし」をテーマとする世界ジオパークである．エリアは京都府京丹後市，兵庫県豊岡市，香美町，新温泉町，鳥取県岩美町，鳥取市東部の東西約110 km，南北最大 30 km に広がる．

　山陰海岸ジオパークを代表するジオサイトに玄武洞がある（図 8.6）．この玄武洞は約 160 万年前の噴火によってできた玄武岩の大露頭であり，1929 年に京都大学の松山基範博士が第四紀における地磁気逆転現象を世界で初めて発見したことでも知られる．現在では玄武洞公園として整備され，公園内の案内所には豊岡市のマスコットキャラクターである「玄武洞の玄さん」と軽快な解説が魅力のジオガイドが常駐している．

　天然記念物指定を受けるまで，玄武洞の玄武岩は石垣や住宅の土台，漬物石として生活の中で利用されていた．というのも，玄武洞の玄武岩は節理の面に沿って割れやすく採掘が比較的容易で，その形もそろっており加工する手間もなく，運ぶ際も前を流れる円山川を利用できるなどの条件が整っていたためである．

　現在では天然記念物指定を受け岩石を持ち出すことはできないが，城崎温泉を流れる大谿川の護岸にこの玄武岩が利用されているのをみることができる．そのきっかけとなったのは 1925 年に発生した北但馬地震である．この地震により大きな被害を受けた城崎では，震災からの復興に向けて，道幅の狭い道路の拡幅工事を行い，城崎温泉を流れる大谿川の増水による氾濫に備えるため，温泉地全体に盛り土を施した．地震によって崩れ落ちた玄武洞の玄武岩を船で運びだし，大谿川の護岸に利用した．さらに類焼防止のため，公共施設を中心に鉄筋コンクリートの建物を街の要所に配置し，災害に強い町づくりを進めた．現在の情緒ある城崎温泉の町なみはこのころに形成されたものである．

　山陰海岸ジオパークでは 2010 年の世界ジオパークネットワーク加盟と前後してジオツーリズム振興のための整備が進んだ．ビジターセンターなどの拠点施設は新しく建設したものではなく，既存の施設を活用している．2010 年にオープンした鳥取市の鳥取砂丘ジオパークセンターはもともと旧福部村の郷土資料館であったものを改修した．また，岩美町にある山陰海岸学習館は無人施設であったが，2010 年のリニューアルオープンにより学芸員や専門員が常駐

する施設となった．各地ではジオガイドの養成も行われ，2011年からはガイド交流会が，2013年からはガイド認定制度が始まった．

　兵庫県立大学や鳥取大学，鳥取環境大学など地域内に立地する大学がジオパークの活動をサポートしており，ジオガイド，地域住民，地元の中小零細企業・事業所，研究者，行政職員の人的交流，ネットワークの構築が進んだ．これがジオパーク活動を推進する原動力となっている．ジオパークが導入されるまでは行政界により広域観光圏を形成するに至らなかった．しかしながら，ジオパーク導入以後はそれが徐々に形成されつつあり，山陰海岸ジオパーク該当エリアは大きな変化を経験している．

図8.6　玄武洞（2010年撮影）

文　献

渡辺真人・宮野素美子 訳（2011）：各国のジオパークがユネスコの支援を得て世界ジオパークネットワーク（GGN）に参加するためのガイドラインと基準．日本ジオパーク委員会ウェブサイト（https://www.gsj.jp/jgc/guidelinej/index.html）．[UNESCO (2010)：Guidelines and Criteria for National Geoparks seeking UNESCO's assistance to join the Global Geoparks Network (GGN), (http://www.unesco.org/new/fileadmin/MULTIMEDIA/HQ/SC/pdf/sc_geoparcs_2010guidelines.pdf)].

Hose, T. (2004)：Geotourism. Niche Tourism (Novelli, M. eds), Routledge, 27-37.

Komoo, I and Patzak, M. (2008)：Global Geoparks Network：An integrated approach for heritage conservation and sustainable use. Geoheritage of East and Southeast Asia (Leman, M.S., Reedman, A. and Pei, C.S. eds), LESTARI and CCOP, 3-13.

尾池和夫・加藤碩一・渡辺真人（2011）：日本のジオパーク——見る・食べる・学ぶ．ナカニシヤ出版．

9 世界自然遺産・国立公園におけるツーリズムの見方・考え方

9.1 自然公園におけるツーリズム

　地球上には，46億年間の歴史の中で作り出された地層や地形がある．そこには進化を遂げてきたさまざまな生物種が分布し，生態系を作り出している．そして人類はこの自然環境の中で資源を利用して文明を築き，自然環境を大きく変化させてきた．その変化は現在も加速度的，不可逆的に進んでいる．人間によって自然環境の改変が進めば進むほど，開発の及んでいない，もしくはその影響がわずかな場所は，自然が残る場所として価値を有することになる．そういった空間的な広がりをもつ自然豊かな場所を，保護し利用しようというのが国立公園を代表とする自然公園の制度である．そこでの観光（ツーリズム）は，自然公園利用の一形態である．

　自然は，美的な価値や科学的な価値を有する．美的な価値とは，地形や多種多様な生物が織り成す壮大な景観や精緻な生物の造形など，それをみた人を感動させる価値である．科学的な価値とは，あらゆる地球上の地形，地層，生物種，生態系などが，科学的な記載，研究に基づいて体系化され，それによって作られるものである．この科学的知見の蓄積によって，私たちは自然界の仕組みや歴史を理解することができる．自然公園では，このような知識の体系という序列化された自然物が，ツーリズムの対象となっている．

　科学的な価値や美的な価値など，価値は所与のものではなく創出されるものである．自然公園というある意図をもって指定された場所について，その意図を読み解くことは，その時代時代の「自然」あるいは「公園」とされるものへのまなざしについて理解することにつながる．

　本章では，自然公園におけるツーリズムとして，特に国立公園と世界自然遺産に焦点をあて，その成立の過程を概観し，そこでのツーリズムのあり方について述べる．なお本章では，自然公園の語は，日本国の自然公園法における定義である国立公園，国定公園，都道府県立自然公園を含み，さらに，世界自然遺産も含む．これは，後述するように世界遺産は各国の国立公園あるいはそれに類するか

準ずる制度によって指定された地域からなるためである．

9.2 日本における国立公園制度

9.2.1 日本における国立公園制度の歴史

　日本の国立公園制度の誕生は，1923（大正12）年に内務省衛生局により16の国立公園候補地が選定されたことに始まる．1931（昭和6）年には国立公園法が制定され，「国立公園ノ選定ニ関スル方針」が策定された．そして，1934（昭和9）年には瀬戸内海，雲仙，霧島が，その後1936（昭和11）年までに計12の国立公園が指定された．1929年の世界恐慌，1931年の満州事変，1933年の日本の国際連盟脱退という日本の戦争の時代に，国立公園の制度が整えられていった．その背景は，外貨獲得のための外国人観光客の誘致であると考えられている（田中，1981；村串，2005；加藤，2008）．村串（2005）は，日本で最初に国立公園化に向けて動きのあった日光の事例の分析の中で，当時の国立公園設立に向けての基本的な要求は「荒廃した名所旧蹟の国家的な修復と大景勝地の保全にくわえ，遊覧所の拡充，交通機関の利便化」であったと述べている．さらに，荒山（1995）は，国立公園制度の思想的な背景に注目し，観光政策に取り込まれていった国立公園制度は，明治時代の日本にとって「自然の風景地を核として，場所の伝統や文化のオーセンティシティが作り出される制度」であったとしている．オーセンティシティ（authenticity）とは真実性，真正性を意味する語である．このような背景の中で，日本の国立公園制度は誕生し，当初より観光利用が重要視されていた．

　前述の「国立公園ノ選定ニ関スル方針」において，国立公園に選定される場所は，「同一風景型式ヲ代表シテ傑出セルコト」とされていた．ここでの風景型式とは，評価対象とされる景観要素が「地形地貌ガ雄大ナルカ或ハ風景ガ変化ニ富ミテ美ナルコト」とあるように，主に地形のことである．海岸，火山，山岳地域の地形が最も優れているものが国立公園になるという考え方である．当時の国立公園のリストは，いわば日本を代表する景観をもつ観光地のカタログといえる．

　戦争が激化すると，国立公園は，「国民精神の涵養，鍛錬，体力向上」の場として位置づけられるようになる．これは，それまでの日本を代表する景勝地としての国立公園に，現代まで続くレクリエーションの場としての意味が付加されたといえる．このレクリエーションとしての機能強化が顕著になるのは，日本の敗戦後からである．これには，経済再建に寄与するねらいもあり，積極的に国立公園，国定公園の新規指定や拡張が進められていく（西田，2010）．国立公園の選

定には1952（昭和27）年の「自然公園選定要領」に示されているように一風景形式一公園の原則が適用されているが，それを補完するように，1949（昭和24）年の国立公園法改正により制度化された国定公園では主にレクリエーションの場としての機能が期待されている．これは，その立地が利用者の利便性を考慮して全国的に配置されていることからもわかる．

日本における自然公園制度の確立は，1957（昭和32）年に国立公園法が改正され自然公園法が作られたときからといえる．第一条に示されている目的の中で，自然公園は，「優れた自然の風景地を保護するとともに，その利用の増進を図ることにより，国民の保健，休養及び教化に資する」ものとされている．ここで明示されているように，日本における国立公園などの自然公園は，風景地保護とレクリエーションの場としての利用という2つの目的をもつものとして位置づけられている．風景地は，具体的には，自然環境の豊かな科学的価値，美的価値をもつ場所である．それは，1971（昭和46）年の自然公園選定要領の改正においては，国立公園の評価の条件として，「2000 ha以上の原始的な景観核心地域を有し」，「動植物の種や地形地質及び動植物の生地に特別な科学的，教育的，レクリエーション的重要さ」や「自然景観の偉大な美しさ」があることが求められていることからわかる．

近年は，生物多様性（biodiversity）の保全の場としての機能が求められるようになっている．2002（平成14）年の自然公園法改正において，国などの責務として「生物の多様性の確保」が追加され，さらに2009（平成21）年の改正では目的に「生物多様性の保全に寄与する」という文言が追加されている．以上のように，その誕生から現在までにおいて，日本の国立公園制度は，その時代時代での社会的な要請に対応するように機能を拡張してきたといえる．

9.2.2 国立公園の管理方式

日本の国立公園は，土地の所有をせず，行為規制などにより公園の管理を図る地域制公園となっている．日本全体の国立公園の1/4程度が私有地であり，国立公園内に住む人も多く，また農林業も営まれている．一方，アメリカ合衆国やカナダの国立公園は，公園当局が土地の権限を取得しその範囲が設定されている．このような公園は営造物公園と呼ばれ，公園全体が施設という概念で管理されている．

アメリカ合衆国で誕生した営造物公園という管理方式を，日本に導入すること

は，さまざまな場所の土地利用がすでに進んでいるため不可能であった．そのため日本では地域制公園という方法がとられた．日本の国立公園はこうした枠組みで整備が進められたため，自然保護区（protected area）としての機能は十分果たせていないものの，一方では名勝や史跡そして文化的景観なども含む場となっており，結果として自然を利用しながら人々が暮らす場を示す所となっている．加藤（2008）は，地域制公園は「自然環境の保護保全という面では問題が多いものの，周囲の人々の従来の生活を尊重しつつ，とにかく国立公園という制度を根付かせ」ているという意味で評価している．

国立公園の公園計画において，陸域においては，特別地域と普通地域の区分が，海域においては海域公園地区と普通地域との区分がある．陸域の特別地域には，特別保護地区と，第1種から第3種の特別地域という区分でゾーニングがなされている．この中で最も厳しく行為が規制される場所が特別保護地区である．この地区は公園の中で特に優れた自然景観，原始状態を保持している．ゾーニングは，地域制公園という，さまざまな機能を有している日本の国立公園において，自然保護と利用を両立させるために必要な措置といえる．

9.3　世界自然遺産制度

9.3.1　世界自然遺産の成立過程

世界遺産は，「顕著で普遍的な価値を有する遺跡や自然地域などを人類全体のための世界の遺産として保護，保存し，国際的な協力及び援助の体制を確立する」ことを目的とした，世界遺産条約（世界の文化遺産及び自然遺産の保護に関する条約）に基づいて認定される．顕著で普遍的な価値は，outstanding universal value（OUV）の訳である．これを有するものが，世界遺産リストに記載され世界遺産となる．この制度ができたきっかけは，1960年代のナイル川におけるアスワンハイダム建設計画にある．経済的な理由からダム湖底に水没させることになっていた古代エジプト文明のヌビア遺跡の保護のための救済キャンペーンをユネスコが行い，その結果高台への遺跡の移設工事が実現している．この一連のできごとが契機となって，遺跡保存のための国際協力という世界遺産の考え方が確立されていく．

世界遺産に関して，このような動きがあった頃，国際自然保護連合（International Union for Conservation of Nature and Natural Resources, IUCN）は，世界最初の国立公園であるイエローストーン国立公園制定100周年を記念して，ア

9.3 世界自然遺産制度

表 9.1 世界自然遺産の登録基準（クライテリア）

以下のクライテリア（評価基準）の1つ以上に合致する世界的にみて類まれな価値を有することが必要．

(vii) 最上級の自然現象，又は，類まれな自然美・美的価値を有する地域を包含する
(viii) 生命進化の記録や，地形形成における重要な進行中の地質学的過程，あるいは重要な地形学的又は自然地理学的特徴といった，地球の歴史の主要な段階を代表する顕著な見本である
(ix) 陸上・淡水域・沿岸・海洋の生態系や動植物群集の進化，発展において，重要な進行中の生態学的過程又は生物学的過程を代表する顕著な見本である
(x) 学術上又は保全上顕著な普遍的価値を有する絶滅のおそれのある種の生息地など，生物多様性の生息域内保全にとって最も重要な自然の生息地を包含する

メリカ合衆国の国立公園制度をベースとした自然保護に関する条約の準備を進めていた．文化遺産の保護と世界的な国立公園的保護制度の2つが，1972年の国連人間環境会議（ストックホルム会議）において統合され，同年のユネスコ総会において世界遺産条約が成立している（宗田，2006；吉田，2007）．

この世界遺産条約を日本が締結するのは1992（平成4）年と，条約が作られてから20年も経ってからである．その翌年の1993年には，自然遺産として白神山地と屋久島が登録されることになった．その後，2005年に知床が，2011年に小笠原諸島が自然遺産として登録されている．2013年には日本の世界遺産関連省庁連絡会議で，奄美・琉球として奄美諸島，琉球諸島を，世界遺産（自然遺産）暫定リストに掲載することが決定された．2016年の世界遺産委員会での登録を目指している．

現在，世界遺産は，世界に1007か所あり，そのうち文化遺産は779か所，自然遺産は197か所，自然遺産と文化遺産の複合である複合遺産は31か所である（2014年9月現在）．

9.3.2 世界遺産の登録基準

顕著で普遍的な価値とは，「世界遺産条約履行のための作業指針」で示される登録基準（クライテリア）として，明文化されている（表9.1）．この基準のいずれか1つ以上に合致し，さらに，真正性（authenticity）と完全性（integrity）が必要となる．また，保護担保措置と呼ばれるそれぞれの国で法制化された適切な保護管理体制により自然が守られていることも必要である．

9.4 国立公園・世界自然遺産におけるツーリズムのあり方

9.4.1 自然保護と開発

　日本の国立公園・国定公園では，当初より観光開発が主要な目的であり，特に戦後はレクリエーション場として重要視された．そもそも指定前から観光地であった場所も多く，公園内に宿泊施設やスキー場，ゴルフ場の開発などが進められていった．さらに，国や都道府県も昭和30年代以降，大衆型リゾートとして国民休暇村の建設を進めた（加治・油井，2006）．そのほか民間のリゾート施設の建築も進んだ．これは，国立公園内でも普通地域は，届け出さえすればレクリエーション施設の開発が許可されるためである．また普通地域に隣接している景観上連続している場所でも国立公園外であれば問題なく施設の建設が可能であった．さらに，観光開発のため自然公園の指定解除が行われたこともあった．現在では，国立公園は生物多様性保全の場としての位置づけがなされるようになり，また，大型の開発案件に対しては地域住民や環境保護団体，科学者による抗議行動もしばしば起こり（馬場・安渓，2003；奥田，2005），大型レクリエーション施設が国立公園内に計画されることは少なくなってきている．

9.4.2 自然保護と開発との両立

　2013年の富士山の世界文化遺産登録は，大きなニュースとなった．世界遺産リストへの登録は，国内の観光客だけでなく海外からの観光客も増やす傾向がある．特に発展途上国などでは，ツーリズムによる収入を増加させ，貧困問題を解決する取り組みが国際的に進められている（清水，2012）．後述するように観光客の増加は，さまざまな形の問題を引き起こすが，それを最小限に食い止めるような管理計画が必要である．

　貧困問題が解決に向かうと，地域コミュニティが経済的利益を得ることだけでなく，さまざまな階層の地域計画に対する参画を促すことになる．これは，自然環境の保全だけでなく地域コミュニティの生活・文化の保全にもつながる．地域コミュニティの合意が得られた上で，その場所の自然環境を劣化させることなくツーリズムが行われ，その収益がその地域の自然環境のために使われるようになれば，持続可能なツーリズム（sustainable tourism）となるだろう．このようなツーリズムは，エコツーリズムとして，各地でさまざまな取り組みがなされている（例えば，Beeton, 1998）．

9.4.3 ツーリズムで発生する問題

エコツーリズムであろうと，たくさんの観光客が訪れればさまざまな問題が発生する．日本では世界自然遺産に登録された屋久島でその問題が顕在化している（図9.1）．過剰な利用により発生する問題は，一般に，過剰利用問題，あるいはオーバーユース（overuse）問題といわれ，山地の登山道侵食や植生破壊などの登山道荒廃問題（渡辺，2008），屎尿処理問題（上，2011），ゴミの散乱，ゴミ処理問題，

図9.1 屋久島の縄文杉では，観光客の増加によって，木の根元の土壌の踏み固めや土砂流出が発生した．現在では，展望台が設置され，縄文杉に近づくことはできない（2010年3月撮影）．

自動車などの排気ガスによる空気汚染（古谷ほか，2001），開発圧力の増大（八木，1989；多辺田 1991；高田，2004）などがある．さらに外からの文化的な干渉により地域社会の伝統・文化が悪影響を受けることもある．また，外来種侵入（大河内，2009）のリスクを高めることにもなる．観光客の増加により引き起こされる環境の悪化を最小限にするためには，継続的なモニタリング，調査，研究が必須であり，さらにその成果を地域の問題解決という形に落とし込む作業が必要である．オーバーユース問題の解決を図る対策の1つに，当該地域への入場者数の規制があげられるが，それは地域経済の収益の減少と直結するため，その実施には多くの困難が伴う．

9.5 自然公園の価値と課題

9.5.1 自然保護区としての自然公園の価値

自然が人間に与える恩恵は，生態系の公益的機能あるいは生態系サービスと呼ばれている．自然界は復元力があるため，人間による利用が過剰でなければ，持続可能であるが，その復元力を超える過剰で無計画な開発は，これらの恩恵を損なってしまうため，問題となっている（Millennium Ecosystem Assessment, 2005）．生態系サービスには，文化的な事柄も含まれる．ツーリズムによってその自然の豊かさに触れるということは，精神的・文化的利益として位置づけられている．国立公園という場は，その精神的・文化的な生態系サービスを受ける場であるといえる．さらに，自然界のシステムは，人間の生命維持に必要な水，空

気などを循環・浄化し，食料となる植物を生育させ，地下資源などを供給する．一定の面積をもつ国立公園は，この生態系サービス供給の重要な拠点となる．

9.5.2　国立公園，世界自然遺産の管理とツーリズム

これまでみてきたように，日本の国立公園は場を指定する制度である．そして，その目的は，時代の要請に応じて多様化してきた．すなわち，日本の国立公園の制度は目的が定まった上で制度設計がなされているわけではないといえるだろう．多様なニーズに対応しようとしているがゆえに，その目的がわかりにくいと認識されてしまっている．一方，世界自然遺産は，指定地域の自然保護のための規制には厳格なものがあるが，その制度の根底にはユネスコの目的とする国際的な紛争解決，貧困，人権問題の解決という思想がある．特に自然遺産は，多様性をもつ自然を開発圧力から保護し，地球環境問題を考え，多様性を認識する場としての機能を有する．つまり，世界自然遺産は，国際的な課題である持続可能な社会の実現を目指すための制度であり，その思想の具現化をはかるための場であるともいえよう．そのため，指定されるものは時代に応じて，また研究の蓄積，あるいは世界遺産の考え方により変化している．これは，自然遺産として登録されていたオーストラリアのウルル＝カタ・ジュタ国立公園が，再び文化遺産としても登録されたことにも現れている．文化遺産においては保護の理論の深化により「文化的景観」や「文化的ルート」という新たな種類の指定が行われるようになっている（宗田，2006）．

これまで自然公園は，貴重な自然の保護が大きな目的であった．そのためには科学者によるその場所の自然の科学的な記載が必要であった．しかし，過剰に資源を利用せずに暮らしやすい社会を構築していかなければならない現代においては，自然の科学的な価値のみを示す場としての自然公園は，それほど重要性をもたなくなっているだろう．自然公園には，自然をどのように利用し，持続可能な社会を構築することができるのか，ツーリズムを通じて考え実践する場としての機能が求められている．その際には，その地域の自然環境に対しての深い理解をもち，自然環境の変化をモニタリングし，そして科学により得られた知識の体系を，地域住民あるいは非専門家の視点で再構築し（菊地，1999），観光客にわかりやすく伝え，地域の活動の中に組み込んでいく作業を担う人材が必要である．そうした役割を担えるのは，自然公園のガイドやインタープリターという人材であろう．今後は，こうした人材による，科学的な知見に基づいた自立的な公園管

理が必要になっていくであろう． [目代邦康]

●世界自然遺産における先住民ツーリズム

現在，世界にはおよそ5000の先住民が存在するといわれている．そして，世界自然遺産に指定されている地域の中にも多数の先住民が存在する．多くの先住民は，それぞれの国の政策決定プロセスから除外され，経済的，文化的にも不利な状況におかれている．先住民問題の解決は国連の重要課題であり，ユネスコのプログラムである世界遺産においても，それぞれの世界遺産で先住民が積極的に関われるような動きが求められている（小野，2006）．

自然が多く残された世界自然遺産はツーリズムの場であるが，同時に多くの場所が先住民の生活の場でもある．それぞれの世界自然遺産の価値の中には，先住民のもつ価値の体系も含まれるべきである．先住民によるエコツーリズムの実施や聖地の価値の明示化（宗田，2006）など，世界自然遺産の枠組みの中で展開できる活動は多い．先住民によるツーリズムの実施により発生するさまざまな問題が指摘されているが（小野，2011），ツーリズムは，民間レベルでの文化の相互理解や交流を図り，経済効果が期待できるツールであるため，今後も各地でさまざまな実践が展開されていくであろう．

● CEPA

湿地の保全を目的とする国際条約「ラムサール条約」（特に水鳥の生育地として国際的に重要な湿地に関する条約）において，その目的である湿地の保全と再生，賢明な利用（wise use，ワイズユース）を進めていくために行われているのが，CEPAと呼ばれる活動である．Communication, Education, Participation and Awarenessの頭文字で，広報，教育，普及啓発のことである．このようなcommunicationを重視するのが，現在の国際的な自然環境保全の考え方である．

文　献

荒山正彦（1995）：文化のオーセンティシティーと国立公園の成立—観光現象を対象とした人文地理学研究の課題—．地理学評論，**68A**：792-810．
上　幸雄（2011）：山のトイレ問題は今後どこへ向かうのか．国立公園，**690**：11-14．
大河内勇（2009）：小笠原における侵略的外来種の生態系影響とその順応的管理に向けて．地球環境，**14**：3-8．

奥田夏樹（2005）：西表リゾート要望書―現状報告と今後の展望―．保全生態学研究，**10**：107-110.
小野有五（2006）：知床世界自然遺産へのアイヌ民族の参画と研究者の役割―先住民族ガヴァナンスからみた世界遺産―．環境社会学研究，**12**：41-56.
小野有五（2011）：世界自然遺産・エコツーリズムの発展と課題．［新通史］日本の科学技術第4巻（吉岡　斉編），523-548.
加治　隆・油井正昭（2006）：自然公園の施設充実に果たした国民休暇村の役割．ランドスケープ研究，**69**：389-394.
加藤峰夫（2008）：国立公園の法と制度，古今書院．
菊地直樹（1999）：エコ・ツーリズムの分析視角に向けて―エコ・ツーリズムにおける「地域住民」と「自然」の検討を通して―．環境社会学研究，**5**：136-151.
清水苗穂子（2012）：貧困と観光：国連機関のアプローチとプロプアーツーリズムに関する考察．阪南論集人文・自然科学編，**47**：69-78.
宗田好史（2006）：世界遺産条約のめざすもの―ICOMOS（国際記念物遺産会議）の議論から―．環境社会学研究，**12**：5-19.
多辺田政弘（1991）：沖縄のリゾート開発と自然保護．公害研究，**21**(2)：17-25.
高田夏子（2004）：西表島の「月ヶ浜リゾート」開発問題．地理，**49**(1)：55-60.
田中正大（1981）：日本の自然公園，相模書房．
西田正憲（2010）：持続可能性を追求した日本の地域性国立公園．季刊環境研究，**158**：90-98.
馬場繁幸・安渓遊地（2003）：地域社会への影響評価を―西表島リゾート施設に対する日本生態学会の要望書の特色―．保全生態学研究，**8**：97-98.
古谷勝則・油井正昭・赤坂　信・多田　充・大畑　崇（2001）：マイカー規制のもたらす自然公園利用の諸問題．千葉大学園芸学部学術報告，**55**：21-41.
村串仁三郎（2005）：国立公園成立史の研究―開発と自然保護の確執を中心に，法政大学出版局．
村串仁三郎（2011）：自然保護と戦後日本の国立公園―続国立公園成立史の研究，法政大学出版局．
八木健三（1989）：北海道におけるリゾート開発と自然保護．日本の科学者，**24**：615-621.
吉田正人（2007）：自然保護――その生態学と社会学，地人書館．
渡辺悌二（2008）：登山道の保全と管理，古今書院．
渡辺悌二・梅津ゆりえ・可知直毅・寺崎竜雄・野口　健・吉田正人（2008）：観光の視点からみた世界自然遺産．地球環境，**13**：123-132.
Beeton, S. (1998)：Ecotourism：A practical guide for rural communities. Landlinks Press ［小林英俊訳（2002）：エコツーリズム教本――先進国オーストラリアに学ぶ実践ガイド，平凡社］．
Millennium Ecosystem Assessment (2005)：Ecosystems and Human Well-Being：Synthesis (The Millennium Ecosystem Assessment Series). Millennium Ecosystem Assessment ［横浜国立大学21世紀COE翻訳委員会訳（2007）：生態系サービスと人類の将来，オーム社］．

10 都市域における緑地空間のツーリズムの見方・考え方

 昨今の人々の健康への関心の高まりからハイキングやジョギング,そしてウォーキングといったツーリズムがますます注目されるようになっている.例えば,皇居に残る広大な緑地空間を利用したジョギングが大ブームとなったことが社会現象として取り上げられたのは記憶に新しい.この舞台となるのが,概ね都市域[*1]の緑地空間である.自身の日常生活圏内に存在する緑地空間へはアクセスがしやすく,気軽にツーリズムの舞台として利用することができる.一方で,都市域の緑地空間は常に都市的土地利用との競合にさらされており,保全と適正管理が求められている.そこで,本章では保全と適正管理といった視点から,都市域における緑地空間のツーリズムの見方・考え方を概観していく.

10.1 都市域における緑地空間

 緑地とは英語のオープンスペースに近い概念で,ニューヨークのセントラルパーク,ロンドンのハイドパーク,ベルリンのティアガルテン,東京の皇居・明治神宮の森のような,「多くは植生で覆われた無蓋の地表断面で」あって,シティ・マンハッタン・丸の内・大手町などの高密度に「人工施設物で覆われた地表断面」とは対立する概念である(佐々木,2006).また,人類が人手の触れていない自然のままの地表(自然景観)に刻印して地表に描き出したものが文化景観であり,緑地景観とは文化景観の一部分であって,地表上に存在するある種の統一をもった植生部分である.

 次に首都圏の緑地空間をその形態と機能から分類すると3つに大分類することができ,参考までにその主たる管轄省庁とあわせて以下に示した(佐々木,2006).

① 自然緑地:森林(林野庁),原野・湿原・沼沢地(環境省),海岸・河川湿地(国土交通省)
② 施設緑地:都市公園・並木道・河川プロムナード(国土交通省),遊園地・

[*1]: 本章では都市域を市街化区域と定義する.

ゴルフ場（経済産業省），墓地・動物園（厚生労働省），運動競技場・植物園（文部科学省）

③　農業緑地：田・畑・樹園地・牧場・牧草地・家庭菜園団地（農林水産省）

以上のように，都市域の緑地空間といってもその形態と機能はさまざまであり，都市公園や動物園，植物園のように行政による管理が行き届き，持続性の高いものもあれば，森林や田，畑のようにその多くは個人の所有であり，第 1 次産業の衰退によって都市的土地利用との競合にさらされて持続性が低くなっている緑地空間もある．都市域における緑地空間を保全や適正管理といった視点から考えていく本章では，特に後者の緑地空間におけるツーリズムの見方・考え方を概観していくこととする．

10.2　国分寺崖線における緑地空間の保全と適正管理

本節では，緑地空間の保全と適正管理の仕組みの構築が急がれる東京都の国分寺崖線を事例として取り上げ，その保全と管理について紹介する．国分寺崖線は，複数の市区にまたがる広大な緑地であり，行政や地域を越えた保全・適正管理の総合的なシステムの構築が求められる緑地空間でもある（2.2.3 項参照）．

10.2.1　国分寺崖線の概要

国分寺崖線の北西端は立川市の北東に始まり，国立駅の東で JR 中央線を横切って，主に国分寺市，小金井市，三鷹市，調布市，世田谷区にまたがって，大田区の田園調布へと続いている．国分寺崖線は比高 10〜20 m の崖の連続線である（図 10.1）．貝塚（1979）によると，国分寺崖線は古多摩川によって武蔵野段丘南岸が削られた結果できた段丘崖線である．崖線直下の野川は古多摩川の名残川であり，古くは先土器文化時代からの先史時代遺跡が崖線に沿って分布している．野川谷頭の近くには武蔵国の国分寺が造営され，また野川沿いには水田が古くから立地していたなど，崖線沿いはいわば古代武蔵の重要な生活文化の基盤になっていた．また，崖線の崖下では湧水が各所でみられ，場所によっては寺院や神社が建つなど地域のシンボル的存在になっている場所もある．森林や農村の景観の美しさから，大岡昇平の『武蔵野夫人』や国木田独歩の『武蔵野』といった小説にも国分寺崖線は古くから「ハケ」の愛称で親しまれており，それらの小説にも「ハケ」という名称は多く用いられている．

国分寺崖線沿いには湧水や雑木林をはじめとした自然の環境資源が各地に点在

10.2 国分寺崖線における緑地空間の保全と適正管理

図 10.1 国分寺崖線と湧水の分布（資料：国土地理院地形図と細密数値情報）

しており，保全のための自然的要素もある程度分散している．国分寺崖線の長さについては諸説あるが，本章では緑地空間保全の実態を調べる際に，明確に崖線の存在を確認できることから，東京都国分寺市から世田谷区にかけての崖線を対象とした．さらに，管理主体の関係性という視点から考察するため，より多くの主体が関与している公共用地としての森林や公園などが

図 10.2 市民団体によって保全された国分寺崖線
（世田谷区成城三丁目，2004 年 4 月撮影）

緑地空間に占める割合の大きい小金井市と世田谷区の崖線を対象として取り上げた（桜井・小原・菊地，2008）．

10.2.2 小金井市における緑地空間保全のメカニズム

小金井市において緑地空間が面的に多く広がっているのが南東部である．小金井市の崖線緑地空間は高度経済成長期以降，林地やそれに付随した農地が宅地に転用され，緑地面積は急速に縮小した．崖線下部の地域には崖線の湧水を集めて流れる野川があり，それは多摩川の支流の 1 つである．野川は 1960 年頃には下水が流れ込み，水質汚染が問題視されていた．その後，野川の保全活動によって 1980 年頃には自然環境が復元され，現在では清流が戻り，生物種の多様性も維持されるようになった．

現地調査や空中写真の判読から作成した当該地域の土地利用図（図 2.5 参照）

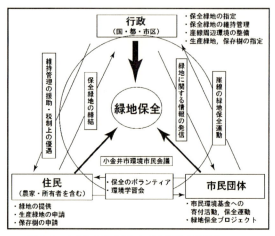

図 10.3　小金井市南東部における緑地空間保全モデル

をもとに，土地利用の変化を時系列で整理してみると，主に 1990 年代初頭までは樹林地や農地の宅地化が進行したが，その後は一部の農地を除いて緑地空間が維持されていることがわかった（詳細は 2.2.3 項参照）．これは，1990 年代以降，小金井市南東部の樹林地をはじめとした緑地の多くが市や都によって保全緑地[*2]として指定されてきたからである．

　小金井市南東部の崖線緑地空間における保全と適正利用の実態と個々の存在形態の議論を踏まえて，この地域における緑地保全のメカニズムをモデル化したのが図 10.3 である．小金井市南東部においては緑地空間の維持管理や利用運営などの全般的な保全活動に関しては行政が大きな役割を担っていることから，モデルに示された行政からの太い矢印は緑地空間保全に与える影響が強いことを示している．このように小金井市の場合，小金井市や東京都といった行政の政策が国分寺崖線緑地空間の保全や適正利用に大きな役割を果たしており，市民のボランティア活動や地域住民の保全への働きかけは行政の政策を契機に行われる場合が多く，行政以外の保全主体が行政と対等な立場で緑地空間保全に関連するまでに至っていない．その結果，国分寺崖線の緑地空間保全をモデルにする場合，小金井市における行政の影響が非常に強く，行政を中心にして地域住民や市民団体が

[*2]:　小金井市指定の緑地は市の都市計画によって定められた環境保全緑地であり，東京都指定の緑地は都市緑地保全法によって定められた緑地保全地域である．なお，東京都の緑地保全地域の多くは，自然環境の保護や費用・管理の面から公開が難しいため，原則として立ち入り禁止となっている．

結びついているといえる．このようなモデルは行政の支援があるため，緑地空間の保全と適正利用は円滑に進められるが，行政の支援がなくなると，緑地空間の保全と適正利用のシステムは崩れてしまう．そのため，このモデルで示された緑地空間保全モデルは必ずしも持続的なものといえない．

10.2.3 世田谷区における緑地空間保全のメカニズム

世田谷区は国分寺崖線流域の市区の中では最も人口が多く，2005年時点での人口は80万を越え，宅地化が早く進んだ地域でもある．そのような世田谷区において緑地空間が比較的広がっているのが西部である．世田谷区の崖線地域では世田谷トラスト協会が1989年に発足し，その組織が1989年以降の世田谷区の緑地空間保全活動に大きく関わることになる．世田谷トラスト協会は，世田谷区の緑被率が減少していく中で，武蔵野のかつての面影を伝える樹園地や湧水を，あるいは歴史的・文化的な遺産を後世に伝えていくことを目的に，「世田谷のナショナル・トラスト運動」の推進組織として1989年4月に誕生した．2006年4月からは「財団法人せたがやトラスト協会」と「財団法人世田谷区都市整備公社」が合併し，それぞれがもっていた緑や住まい，およびまちづくりの専門的な知識やノウハウを「財団法人世田谷トラストまちづくり」に集約化させた．この組織は，これまでに蓄積してきたトラスト活動や住民ネットワークを継承発展させるとともに，区民主体による良好な居住環境の形成と，参加・連携・協働のまちづくりを推進し支援することを目的としている．

小金井市の事例と同様に土地利用図をもとに，土地利用の変化を時系列的に整理すると，世田谷区では2000年代に入っても緑地空間の縮小は続いている．これは先に述べたように世田谷区では国分寺崖線流域の市区の中で最も宅地化が進んでいるためである．したがって，世田谷トラストによって維持されている緑地空間も面的な広がりが小さく，分散的に分布している．また，世田谷トラストが管理する緑地でも，それぞれその保全活動の仕方や内容に違いがみられる．例えば，野川緑地広場という緑地空間はかつてはテニス場やゴルフ場として利用されていたが，現在では親水公園として利用されている．この緑地空間は世田谷トラストとつながりのある市民団体のボランティア活動によって管理されている．この市民団体は公園の清掃活動や植樹地の手入れとともに，自然観察会などの環境に関する啓蒙活動も行っている．また，このような保全管理作業や啓蒙活動に関して，技術的な面や知識的な面で世田谷トラストから人材の提供などを受けるこ

とで，保全主体間の協力体制が構築されている．一方で，成城三丁目緑地という緑地空間は 1994 年 1 月に 2 ha の都市緑地として都市計画において決定された．世田谷区は 2001 年までに当該の事業面積である 1.8 ha を農林水産省東京営林局から取得した．基本的にはこの取得した土地は緑地として残していくことになり，世田谷区は土地の管理を世田谷トラストのボランティアグループの 1 つに委託した．成城三丁目緑地では崖下に湧水地が 2 か所あり，崖上に草地が広がり，緑豊かな林にはカワセミやサワガニ，カブトムシなどの生物が多く生息している．ここでは，園路整備や案内板の設置，および植物調査や生物調査が行われるとともに，隣接する小学校の総合学習の時間に里山を学ぶ場所として，ボランティアグループが環境教育に協力している．このような世田谷トラストのボランティアグループによる保全活動は，1 回につき 10〜30 人の参加規模で行われ，資金や資材，および人材の確保には世田谷トラスト協会の協力を得ている．

　世田谷区西部の崖線緑地の保全と利用実態を踏まえて，この地域における緑地空間保全のメカニズムをモデル化したものが図 10.4 である．この図によれば，緑地の指定や取得・買い取りに世田谷区や世田谷トラスト協会が有意に機能していることがわかる．特に，近年では緑地空間の保全と適正利用において世田谷トラスト協会の活動による影響が大きくなっており，区から緑地空間の管理と運営を委託されることも増えている．市民緑地の締結や地域住民と行政の意見交換が

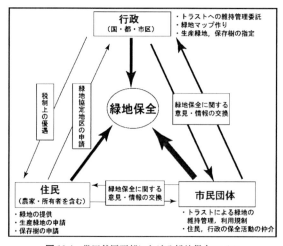

図 10.4　世田谷区西部における緑地保全モデル

世田谷トラスト協会を介して行われるとともに，緑地空間保全のためのボランティアの育成と広報活動，および資材・技術・人材の提供など，緑地空間の保全と適正利用に関する多くの機能や役割に世田谷トラスト協会が関わるようになっている．つまり，行政から世田谷トラスト協会には管理と運営の委託や緑地に関する情報提供が行われ，世田谷トラスト協会から行政には地域住民からのニーズが提供されている．いわば，世田谷トラスト協会は行政と地域住民のパイプ役ともいえる．以上のことから，世田谷区西部では市民団体である世田谷トラスト協会が緑地空間の保全と適正利用に関して最も強い影響力をもっており，行政と地域住民が相互に連携した緑地空間保全のメカニズムを構築する要の役割を担っているといえる．

10.2.4 国分寺崖線における緑地空間保全のメカニズムの比較と課題

小金井市南東部と世田谷区西部の事例地域における緑地空間保全のメカニズムを明らかにし，保全モデルを構築した結果，保全主体の関係にさまざまな違いがあることがわかった．第1の事例であった小金井市南東部では行政の政策による保全緑地の指定が大きな役割を果たしている．緑地の保全に対する土地所有者（地権者）の負担が，市や都の条例による保全緑地化によって軽減され，崖線だけでなくその周辺の環境とも調和した緑地保全の整備が行政を中心にして行われている．第2の事例となった世田谷区西部では，世田谷トラスト協会を中心とした市民団体の活動が緑地空間の保全と適正利用に大きな影響を与えていることがわかった．縮小する樹林地などを保全するには，地価の高い世田谷区では行政による買い取りや税負担の軽減を主体とする政策だけでは不十分である．行政，地域住民，市民団体の結びつき全体で崖線の緑地空間の価値を認識し，ボランティア活動などにより相互の保全負担を減らすことが重要であった．以上に述べたように，同じ国分寺崖線の緑地空間といっても，その保全方法や保全主体間の関係は地域によって差異があることが明らかになった．その要因としては，同じ国分寺崖線の緑地空間であっても，地域によって緑地を取り巻く自然環境や歴史・文化環境，および政策的な要素が異なることが考えられる．しかし，都市化による農地や樹林地の減少に伴う緑地空間の縮小は国分寺崖線沿いの地域全体に共通した現象である．個々の行政の枠を越えた地域ごとのつながりを意識した緑地空間保全を行うための情報提供や，緑地の適正利用を促進し，地域の土地開発を抑制する組織づくりが今後はさらに重要になると考えられる．そこでより持続性の高い緑地空

間の保全モデルについて次に検討していく．

　国分寺崖線の緑地空間は，さまざまな歴史的遺産や湧水のような自然環境資源としての価値をもつだけでなく，都市域において連続してまとまりある緑地空間として貴重な存在になっている．また，市区よりも大きな行政組織である東京都や国による緑地保全では，環境や保全方法の地域的差異を十分に考慮しないことも少なくない．例えば，国の政策では地域の事情を考慮することなく，一律に施策が実行されることが多い．このような懸念から，国分寺崖線の緑地空間を保全していくには，国分寺崖線の流域に存在する行政と地域住民，および市民団体が連携して緑地空間の保全と適正利用を行い，そのための知識や技術を共有する組織が必要となってくる．その際，地域それぞれの緑地空間保全の課題や，国分寺崖線とその周辺の土地利用に影響を与える因子を，国分寺崖線全体の課題としてミクロな視点からマクロな視点へと保全の視点を移す必要がある．現在の緑地空間保全に関しては，ミクロな視点に主眼がおかれ，緑地空間の展開する舞台としてマクロな視点で流域全体の緑地空間保全を議論しようとする考え方は少ない．

　本章の最後に，河川における流域的環境保全の考え方を援用し，緑地空間保全の将来的なあり方を検討する．岸（1997）は，神奈川県鶴見川流域の鶴見川ネットワーキングが中心となって活動する市民団体によって取り組まれている環境保全を，流域思考という言葉を用いて説明している．河川における流域思考とは，上流から下流までの流域全体を意識することであり，その考え方に基づいて鶴見川の環境保全が実践されている．実際，河川における流域思考は，上流で何らかの環境問題が起きるとそれが下流にも悪影響を及ぼすことから，流域全体としてつながりを意識した保全活動が必要であるという発想から始まった．この流域思考の発想は国分寺崖線の緑地空間においても活かすことができる．崖線緑地の場合，どこが上流にあたりどこが下流にあたるかは明確ではない．しかし，崖線の下部を流れる野川を保全していくためには，崖線周辺の緑地空間を整備することが重要である．また，緑地空間保全のために市街地の農地を利用して直売所や市民農園の運営を行い，それらの農地を維持するために防風・防砂林や屋敷林が保全される．かくして，武蔵野のかつての景観を残すために国分寺崖線とその周辺の低地と台地の緑地空間の保全が行われる．このように，国分寺崖線においても各地域の緑地空間の保全に関するつながりは大なり小なり存在し，どこか1つの地域で不都合が生じるとそれが周辺にも派生する可能性をもっている．

　本章でとりあげた事例地域においても，農地とともに屋敷林が減少する現象や，

10.2 国分寺崖線における緑地空間の保全と適正管理

崖線と野川をつなぐ緑道を整備する計画など，1つの緑地空間の保全と適正利用にとどまらず周辺の環境を巻き込んで活動が広がっている．このような事例を考慮すると，国分寺崖線では崖線と周辺とを結びつけた緑地空間が流域思考に当てはまる．鶴見川ネットワーキングの組織に関する研究を行った佐藤・熊谷 (2003)が指摘しているように，市民団体である鶴見川ネットワーキングの活動を通して，行政との協働による水辺域の保全が行われるとともに，鶴見川流域センターという活動拠点を利用した小学校への環境教育が実施されている．それらの活動は行政の単位や枠組みで行われるのではなく，鶴見川流域という自然的な土地区分に基づいて行われている．このことは，流域全体の環境保全計画の策定に積極的に貢献することになる．また同様に，流域思考的な保全に関する情報を公開している組織にアメリカ合衆国環境保護局がある．この組織のウェブサイトにアクセスすればアメリカ合衆国全土の地図が現れ，調べたい地域をクリックしていくとより詳細な地域に分類される．各河川沿いの水質や大気に関する情報に基づいて，環境保全に関するさまざまな情報を誰でも得ることができるようにされており，環境保全の啓蒙と促進に大きな役割を果たしている．

以上に言及した事例は国分寺崖線の緑地空間保全に関する情報を共有する枠組みのアイディアを提供してくれる．具体的には，国分寺崖線における流域全体の行政と地域住民，および市民団体が一体となって崖線の保全を議論する仕組みが必要であるといえる．最近は 2006 年 10 月に行われた国分寺崖線フォーラムのように，流域全体の環境問題を議論するシンポジウムが開催されるようになった．環境問題を議論するこのような場や機会は今後ますます発展すると期待されている．地域レベルでも，小金井市環境市民会議のように，行政と地域住民，および市民団体が連携する組織が生まれており，全体としては保全主体間の関係強化がいろいろな仕方や仕組みで試みられている．市民団体が流域的思考に基づいて環境保全の活動を行っている典型的な例は鶴見川ネットワーキングであるが，国分寺崖線フォーラムや小金井市環境市民会議のような事例はその活動と様相を異にしている．それは国分寺崖線フォーラムや小金井市環境市民会議がどちらかというとまだまだ行政主導による性格が強いためである．しかし，それは保全主体の役割の一部として行政がリーダーシップを担っているだけであって，国分寺崖線を舞台に行政，地域住民，市民団体が協力して緑地空間の保全とその活動拠点を利用した環境教育や環境学習を行っている．この点は鶴見川流域の保全活動とはほぼ同じである．このような保全主体間の関係強化は今後の適切な緑地空間保全モ

デルにつながっていくと考えられる．

10.3 都市域における緑地空間のツーリズムの重要性

最後に，事例とした国分寺崖線における緑地空間の保全・適正利用の現状と課題を踏まえつつ，今後の都市域における緑地空間のツーリズムの重要性を指摘する．

従来，都市域における緑地空間に関する研究の多くは，公園や農地も含めた市街地内部の緑地空間の利用価値，機能，地域的特徴について明らかにしたもの（東，1995；武内・松木，1987；松本，2001；丸田，1983）や，緑地空間の減少とその要因プロセスを明らかにしたもの（佐々木，1981；橋詰，1980；柳川ほか，2006）が中心であった．近年では，自然ツーリズムへの関心の高まりから，事例でみたような保全や適正利用といった視点から，緑地保全活動における保全主体やその連携について現状や課題を明らかにしたものも増えてきた（関，1997；武内ほか，2001；田中ほか，1999；中島ほか，2006；橋詰，2002）．しかし，従来の緑地空間保全に関する研究では，保全の客体となる緑地空間に関して，その歴史性や地域性などの諸要素が個々の保全の方法やコンセプトにどのような影響を与えてきたのか十分に議論されておらず，そのため個々の主体が緑地空間保全に向けて影響力を発揮する要素の序列化や影響力の違いが整理できていなかった．そして，これは研究を実態報告の域にとどめてしまう要因となってしまった．そこで，本章では東京の国分寺崖線を事例として，都市域の緑地空間保全に関して，保全主体間の関係に着目しつつ，保全のプロセスや保全方法を包括する保全メカニズムを示し，さらに緑地空間保全に関する課題を解決するための方法にまで踏み込んだ．今後は本章で指摘してきたような視点が，都市域における緑地空間のツーリズムの見方・考え方にはますます重要となってくるだろう．　　　　　　［小原規宏］

文　献
東　正則（1995）：農地は緑地か．都市問題研究，**86**(12)：41-48.
貝塚爽平（1979）：東京の自然史．紀伊国屋書店．
岸　由二（1997）：都市と自然の共存について：流域からのビジョン．自治体学研究，**73**：4-11.
桜井昌紀・小原規宏・菊地俊夫（2008）：東京都の国分寺崖線における緑地環境の保全とその適正利用—保全主体間の関係性を中心にして—．観光科学研究，創刊号：33-50.
佐々木博（1981）：東京西郊における景観と機能の変化．人文地理学研究，**V**：199-229.
佐々木博（2006）：東京大都市圏における緑地景観の地理学的考察．目白大学総合科学研究，2：9-22.

佐藤裕美子・熊谷洋一（2003）：鶴見川流域の地域環境保全に関する市民団体活動及びネットワーキング組織に関する研究．ランドスケープ研究，**66**：815-818．
関　健志（1997）：地方トラストによる民有緑地の保全．都市計画，**206**：35-38．
武内和彦・松木洋一（1987）：農地の緑地的価値と都市農業の役割．都市計画，**145**：35-40．
武内和彦・鷲谷いづみ・恒川篤志 編（2001）：里山の環境学，東京大学出版会．
田中聖美・丸田頼一・柳井重人（1999）：東京都世田谷区における市民団体による緑化活動の実態に関する基礎的研究．環境情報科学論文集，**13**：79-84．
中島敏博・田代順孝・浅見泰司（2006）：東京近郊住宅地住民の周辺緑地の利用から緑地保全活動への参加意欲を持つまでのプロセス――東京近郊の都市の事例．環境情報科学論文集，**20**：199-204．
橋詰直道（1980）：東京都における都市公園の発達過程とその分布構造．地理学評論，**53**：189-202．
橋詰直道（2002）：ロンドンにおける都市自然の保全と環境 NPO の活動．ランドスケープ研究，**65**：811-816．
松本至巨（2001）：東京中心部武蔵野台地末端における緑地の地域的特徴．地理学評論，**74**：202-216．
丸田頼一（1983）：都市緑地計画論，丸善．
柳川　豪・加我宏之・下村泰彦・益田　昇（2006）：堺市を事例とした大都市における市街化調整区域内の農地転用に関係する立地要因に関する研究．環境情報科学論文集，**20**：117-122．

11 自然ツーリズムとオーバーユース

11.1 オーバーユースと適正利用

　6章から10章の事例で紹介されたように，自然ツーリズムにはエコツーリズムやルーラルツーリズムなどの形態が含まれる．それぞれ規模こそ大きくないものの，近年の観光形態の多様化を牽引している存在である．また，現場では自然ツーリズムによる収入を生活の糧にしている人々もいる．加えて，観光客（消費者）にとっても自然ツーリズムは余暇という面で財産である．そのため，自然ツーリズムは持続的な存在であることが求められている．

　ただし，エコツーリズムでも，ルーラルツーリズムでも舞台となるのは自然地である．自然とは人間を除いたすべての生物および環境であるから（1章），自然地に観光客が訪れるという行為は本来矛盾したものである．その矛盾はツーリズムによる自然への影響として具現化している．例えば，東京都の高尾山には近年，毎年300万人程の観光客が訪れている．彼らが高尾山の散策道を歩くと，その足によって道が削られ，抉られていってしまう（図11.1）．散策道が一度周囲よりも低くなると，雨風によってさらに侵食が進み，周囲の木々の根が露出，最終的には木々の倒壊を招く．また，散策道が歪な形になり歩きづらくなってしまうと，観光客は道を外して歩くようになる．そうすると並行して新たな散策道ができたり，場合によってはそれらがつながり，散策道の道幅が広くなったりする．このような観光客の過度な利用による自然の損失をオーバーユース（過剰利用）という．

　なお，オーバーユースでは観光客の量がオーバーユースをもたらす主な指標となるが，その許容量は地域個々の条件によって様々である．例えば，オーストラリアのフレーザー島では，観

図11.1 高尾山における散策道の侵食

光客の数は高尾山の4分の1程度である．しかし，ここでも道路の荒廃が生じている．フレーザー島は地質の基盤が海流によって運ばれた砂であり，観光客は4輪駆動（4WD）車を使って移動する．そのため，観光客数は多くなくともオーバーユースが指摘されている（図11.2）．総じて，自然ツーリズムはオーバーユースという危険性を常にはらんでいるが，移動形態や自然条件によってその程度には地域差がある．

図11.2　フレーザー島における道路の侵食

　指摘したように，自然ツーリズムは害をもたらすものである．しかし，自然は地域の収入源でもあり，余暇という文脈で人類の財産でもある．したがって，自然ツーリズムの禁止は現実味のないことであるし，不可能なことであろう．それゆえ，オーバーユースに対する重要な概念として適正利用という言葉が生起した．読んで字のごとく，自然を適正に利用しようという概念である．適正利用という用語は自然だけに限ったものではなく，さまざまな場面で日常的に用いられている．

　適正利用という言葉の登場と浸透は日本社会の変化によるところも大きい．日本ではバブル期の過度な開発，経済性の追求がその後さまざまな問題をもたらしたといわれる．このような環境破壊の反省のもと，適正に利用しましょうというマナー標語のようなこの言葉は浸透したと考えられる．現在，自然ツーリズムにおいて自然の適正利用は，前提の概念となっている．

11.2　適正利用のための制度

　適正利用を実施していくには，自然もしくは利用に対する管理制度が必要となる．例えば，6章や9章などで取り上げた国立公園という制度はその最たるもので，国民の余暇活動のための景観を保全する制度である．その他，9章で詳述した世界規模で実施されている制度としてユネスコの世界遺産がある．自然ツーリズムの対象となる自然地は世界自然遺産や世界複合遺産となっている地域と重なることも少なくない．なお，日本では国立公園と世界遺産はオーバーラップすることが多く，例えば鹿児島県の屋久島は国立公園でもあり，世界自然遺産でもある．このような地域では，それぞれの管理方針にあわせて利用の制限や自然の管

管理の方針を理解する上で、保存，保全，保護という一見同じような意味合いの言葉の違いを知っておく必要がある．これ

表11.1　保存・保全・保護における意味の違い

用語	英訳	意味
保存	Preservation	そのままの状態でとっておくこと
保全	Conservation	維持すること
保護	Protection	保存・保全のために行動すること

ら3つの言葉はいずれも自然に対してよく使われ，自然を守るという意味をもっている．しかし，それぞれの意味は若干異なっている（表11.1）．保存の英訳はpreservation（動詞 preserve）である．この言葉はモノを「とっておく」という意味の言葉である．すなわち，自然の保存とは，自然に手を加えることなくそのままの状態でとっておくという意味合いをもつ．そのため，保存のための管理では，人の手を一切加えないという処置がとられる．一方，保全という言葉は英訳をconservation（動詞 conserve）とし，モノの「そのままの状態を維持する」という意味の言葉である．つまり，保存とは異なり，人間の利用を認めた概念となる．例えば，里山の維持・管理は「保全」ということになる．なお，保護（protection，動詞 protect）は行為自体を示す概念であり，視点が先の2つの用語とは異なっている．すなわち，保存，もしくは保全のための保護という使われ方がされる．これらの用語の違いは自然に対する管理方針の違いにも現れる．例えば，適正利用という概念は保存もしくは保全とどちらの意味に近い概念であろうか．それぞれの言葉の意味を理解しておけば判断できるであろう．

自然地で実際に行われている管理方法をみると，保護に値する区域とそうでない区域を空間的に分けることが行われている．これは一般にゾーニングと呼ばれる方法である．この方法では，2項対立的に分けるのではなく，保護レベルの異なるいくつかの区域（ゾーン）に分けるのが一般的となっている．ゾーニングの仕方にはいくつかの手順がある．例えば，変化の許容限界設定プログラム（LAC）という手順では，ゾーニングの設定や指標において周辺の住民などの意見や生活の実態を踏まえ，指標として数値化，地図化するという方法をとる．その上で主体間同士の議論を重ね，妥協点を見出し，ゾーニングの区分を行う．このような手順でゾーニングが実施されているところは少なくない．LAC以外にもROSやVERPなどさまざまなゾーニングの設定手順がアメリカ合衆国やカナダ，オーストラリアで作成され，世界各地で援用がされている（表11.2）．

ゾーニング後に行われる自然地の管理手法としては，立ち入り料金の設定や交通手段の管理などがある．例えば，自然地への立ち入りに対して高額な料金を設

11.2 適正利用のための制度

表11.2 世界で用いられているゾーニングの主な手法（イーグルズほか，2005:163-175, 329-344より作成）

名　称	特　徴	作成国
LAC（Limits of Acceptable Change） 変化の許容限界設定プログラム	許容できる範囲を定め，それに準じて作業する	アメリカ合衆国
VIM（Visitor Impact Management） 利用影響管理プログラム	データを基準とし，原因に基づいて作業する	アメリカ合衆国
VERP（Visitor Experience and Resource Protection） レクリエーション・資源保護プログラム	協議や計画，声明などに準じて作業する	アメリカ合衆国
VAMP（Visitor Activitiy Management Process） レクリエーション活動管理プログラム	レクリエーション活動を重視して作業する	カナダ
ROS（The Recreation Opportunity Spectrum） レクリエーション利用区分プログラム	指標から6地区への分類を基本に作業する	アメリカ合衆国
TOMM（Tourism Optimization Management Model） 観光最適化モデル・プログラム	地域社会などの観点も含めて指標として作業する	オーストラリア

定すれば，利用者を減らすことができる．すなわち立ち入り料金の設定により利用者の量を管理できる．また，自然地へ立ち入りする交通手段，もしくは自然地内での交通手段を制限すれば，量の管理に加え，利用者の行動も管理することができる．ただし，これらの管理手法の是非は慎重に検討しなければならない．例えば，料金の設定を高くすれば利用者数を減らすことができ，自然は守られるであろう．しかし，料金を支払えない人々は利用することができず，人間の共有財産であるはずの自然の利用が不平等になってしまうおそれがある．

　上述した管理手法は区割りや利用者制限といった制度（システム）としての管理手法であった．他方，現場ではオーバーユースに対する物理的な管理法がとられている．例えば，鉄柵による空間の遮断などもその一例である．これは観光利用というよりはむしろ動物による植生破壊などを防止するために利用されることが多い．もちろん，人間の無断侵入を防ぐことに利用される場合もある．また，ほとんどの自然地において行われている物理的な管理法が散策路の整備である．観光客の量や行動範囲を制限するのと同程度に，彼らが利用する移動路を管理することも重要な事項である．具体的な手法として木道，金属メッシュ・ウォーク，礫，ウッドチップなどの敷設などが行われている（表11.3．渡辺，2008, pp.126-133）．

　上記の対策に加えて，必要不可欠な取り組みがモニタリングである．これまでに紹介したゾーニングや管理手法がしっかりと機能しているのかどうかを確認，評価することを忘れてはならない．自然の適正利用が図られているのかについて

表 11.3 世界でみられる散策路の整備手法（渡辺，2008：126-133 より作成）

名　称	特　徴
木道	木材により歩道を作製する工法
金属メッシュ・ウォーク	グレーチングなどを敷設する工法
ターンパイク	両脇を固定し，礫の敷き詰めによって整備する工法
敷石・間詰め	礫の敷き詰めによって整備する工法
土留め階段	傾斜を階段状に整備する工法
蛇籠	礫を針金によって縛り固定する工法
排水工	歩道上に排水のための溝を作製する工法
ウッドチップ	ウッドチップを敷設する工法
ジオテキスタイル	ジオテキスタイルを敷設する工法

のチェックは必ず，しかも定期的に実施する必要がある．これをモニタリングという．モニタリングは定期的に行われるべきであるため，その評価指標は現状を示すもの，客観的なもの，測定しやすいものとされている（イーグルズほか，2005，p.297）．

　自然ツーリズムによるオーバーユースに対し，適正利用と自然の保全のためにさまざまな取り組みが行われている．しかし，本節で紹介した管理手法が完璧であるかというとそうではなく，まだまだ課題は多い．例えば，管理手法自体の問題であったり，人々の保存や保全といった概念の食い違いであったりもする．そのため，自然地では定期的なモニタリングによって現状の問題点を理解し，管理手法を改良し，実施していくことが求められている．

11.3　研究の動向

　自然ツーリズムが行われる自然地の管理を充実させるためには関連する学術研究の発展が必要である．日本では以下の5つの研究テーマを主軸に研究が進められてきた（表11.4）．本節ではこれまでに日本で行われてきた研究事例を紹介する．

11.3.1　自然の状況調査による問題提起・報告

　自然に対する調査によって各自然地への問題提起や報告は頻繁に行われている．その内容はツーリズムによる自然の破壊を危惧した報告が主となっている．これらの研究は比較的簡易な目視による報告から測量調査によるものまでさまざまな手法によって行われている．例えば，渡辺ほか（2004）は大雪山の登山道を調査し，融雪水以外にも夏季の豪雨が侵食に影響していることを明らかにしてい

表11.4 自然地の管理に関する日本の主要な研究テーマ

研究テーマ	概要
1 自然の状況調査による問題提起・報告	・自然地の現状把握,管理手法の効果検証など
2 関連主体の意識に関する研究	・近隣住民,観光客の自然地に対する意識調査など
3 管理制度とガバナンスに関する研究	・管理制度の特徴,歴史的経緯の検証など
4 ゾーニング制度の適応・提案に関する研究	・ゾーニング手法の開発改良など
5 資源価値の測定に関する研究	・資源の経済価値の算出など

る.また,一木ほか(2007)は小笠原の南島における利用ルールによって植生の回復が進んだか否かについて調査し,ルールの導入に一応の効果があったことを示している.このように第三者である研究者の立場からの問題提起は価値のあることである.なお,自然地の現状把握は継続して行われる(モニタリングされる)ことが必要である.その結果をもとにして現場での対策がとられることが望ましい.

11.3.2 関連主体の意識に関する研究

自然地において,実際に自然の管理にあたるのは研究者とは限らない.むしろ,研究者自身が現場で管理やその指揮をするという機会はほとんどない.現地では,例えば国立公園であれば環境省の自然保護官が指揮にあたることが多く,場合によってはエコツアーのガイドなどもその役割を担うことがある(武,2010).また,保全対象の近隣には住民も居住している.浅野ほか(2013)では,観光客数が増加傾向にある韓国のウポ沼周辺において住民へインタビュー調査を行い,近隣住民がその利益を享受していないという不満をもっていることを明らかにしている.一方,武ほか(2009)は自然地でマウンテンバイク(オフロード走行用の自転車)に乗車するライダーに対してアンケート調査を行い,経験年数が高いライダーの方が低いライダーよりも,自然保全への意識が高いことを明らかにしている.自然の管理は観光客や地域住民にとっても大きな関心事であり,彼らの意識を把握することは管理を実施していく上で無視されてはならない事項といえる.

11.3.3 管理制度とガバナンスに関する研究

自然環境の状態,およびさまざまな主体の意識を把握することが重要である一方,実質的な管理においては法律や管理制度の仕組みなども重要になってくる.Jones(2009)は上高地において,番匠(2013)は日光の戦場ヶ原湿原において,

それぞれの自然保護政策を歴史的に考察している．また田中（2010）は日本の国立公園制度を検討し，自然保護ガバナンスという概念を提示している．制度というものは，現場での活動に役立つこともあれば，逆に足かせとなることもある．したがって，画一的な制度で各地域を管理することは困難かもしれない．そのため，多くの成功例，失敗例，またそれらの歴史的背景は必要不可欠な知見といえよう．

11.3.4　ゾーニング制度の適応に関する研究

前節でも紹介したようにゾーニングの制度は複数ある．そのため，地域によっては現状のゾーニング制度を検証する必要があり，研究者がその検証を実施する場合もある．例えば，柴崎ほか（2013）は十和田八幡平国立公園に対してROSの援用可能性を検討している．また，曽・飯田（2005）は台湾の墾丁国家公園に対してLACの適用を試み，その可能性と課題を明らかにしている．管理制度と同じく，ゾーニング制度もどの地域でも一律にあてはまるものではない．そのため，地域にあわせたゾーニング制度を開発・改良し，実施していくことが望まれる．

11.3.5　資源価値の測定に関する研究

ゾーニング制度を実施するにあたって，対象となる自然の価値は不明な場合が多い．もちろん貴重であることはわかっていても，例えばそれがなくなってしまった場合，もしくは他のものに置き換わってしまった場合，どれだけの損失があるのだろうか．そのような議論なしには，自然資源を管理する意味やそれにかかるコストについても議論できないであろう．そこで，一部の研究者は自然資源の価値を測定，算出する試みを実施している．例えば，栗山（1996）は釧路湿原の経済価値を，Bradecina et al.（2011）はフィリピンのカラモアン沿岸の経済価値を算出している．アンケート調査などを用いた資源の経済価値の算出方法はある程度の手法が確立しているため，援用はどの地域でも可能であろう．なお，上述の2つの研究ではCVM（コンティジェント・バリエーション法）という手法が使用されている．資源価値の指標としては金額が用いられることが多いが，そのほかの価値指標もありうる．この点については新たな研究が望まれる．

11.4　研究者に求められるもの

　自然の管理に関する研究は日本でもそれぞれのテーマや学問領域において研究が進められてきた．研究において重要なことはまず現状を的確に把握，測定することにある．そのため，研究者にはデータに客観性をもたせることが求められる．言い換えれば，研究者の主観的な判断を極力省き，他の研究者が同様の調査を同じ時間，同じ場所で行えば（現実には不可能であるが），同じ結果にならなければならない．これは科学一般にいえることであり，自然ツーリズム学においても重要視されるべき事項である．研究者による客観的な事象の測定への挑戦は手法の確立，発展にもつながる．測定手法が確立し，仮に研究者でなくとも行えるようになれば，空間的に広範囲に，また時間的にも頻繁に測定が行えるようになるであろう．したがって，測定に対する客観性の保障と手法の確立は研究者としての責務でもある．

　さらに研究者が重要視しなければならない点は，実社会への提案，もしくは説明への意識である．例えば，事象を測定することにしても，それがその地域に対してどのような示唆を与えるものなのかを考慮する必要がある．何でも測定できればよいということではない．測定することの意義は広く人々に対して説明できなければならない．さらにいえば，ゾーニング制度の改良や資源価値の測定などの実用面，もしくは研究面への貢献を考えなければならない．

　秋葉（2012）は自らの実体験から専門家組織が自然環境の管理に貢献していく上で必要な課題を5つ提示している．本章の最後にあたって，それらの中から2つ取り上げ，結びとしたい．まず秋葉（2012）はステークホルダーの範囲の設定と合意形成手法の改良，そして社会的な価値の判断の取り入れを求めている．これは本章の後半でも触れたように，自然科学のみに捕らわれてきた研究者に警鐘となるものであり，社会科学などの研究や知見も考慮に入れた研究，またその知見が今後の研究により重要になるということでもある．特に，研究者以外の行政関係者，地元住民，もしくは観光客などの多様な主体に配慮する必要がある．研究者として自然そのものだけに目がいきがちであるが，自然ツーリズムの地における自然にはさまざまな意味が付与されている．それは自然に関わる社会的な背景をもとにしていることが多く，そのような社会背景を丹念に紐解いていく研究も重要な示唆を与えてくれる．

　加えて，秋葉（2012）はコミュニケーションの少なさも課題としてあげている．

もはや研究者は研究室とフィールドの行き来だけでは成り立たなくなっている．自然ツーリズムおよび自然に関わるさまざまな立場の人々の意見を聞き，尊重することが研究者にも必要である．自然を保全するという行為はとても社会的なものである．研究者にはさまざまな主体とのコミュニケーションが求められる．これは自然ツーリズム学を学ぶ者，そして研究する者が求められる心構えといえよう．

[有馬貴之]

文献

秋葉圭太（2012）：公園管理の現場から．エコシステムマネジメント——包括的な生態系の保全と管理へ（森　章　編），共立出版，96-97．

浅野敏久・金　科哲・平井幸弘・香川雄一・伊藤達也（2013）：ラムサール条約湿地・ウポ沼（大韓民国）の環境保全と住民．E-journal GEO，8：223-241．

一木重夫・朱宮丈晴・海津ゆりえ（2007）：小笠原諸島南島のコウライシバ植生回復に及ぼす観光利用制限（入島禁止期間）の効果に関する研究．ランドスケープ研究，71：133-136．

イーグルズ，ポール・F.J.，マックール，ステファン・F.，ヘインズ，クリストファー・D.（2005）：自然保護とサステイナブル・ツーリズム——実践的ガイドライン（小林英俊　監訳），平凡社．

栗山浩一（1996）：釧路湿原における湿原景観の環境価値の計測．林業経済研究，129：45-50．

柴崎茂光・佐藤武志・金　美沙子（2013）：多様なレクリエーション機会の提供という視点からみた自然公園管理のあり方——十和田八幡平国立公園八幡平地区を事例としたROS手法の適用．林業経済，66(9)：1-17．

曽　宇良・飯田　繁（2005）：自然公園におけるレクリエーションインパクトの評価と管理対策に関する研究—墾丁国家公園を事例に．九州大学農学部演習林報告，86：85-99．

武　正憲（2010）：自然観光資源管理におけるエコツアーガイドの役割と能力．環境情報科学論文集，24：327-332．

武　正憲・浜　泰一・斎藤　馨（2009）：マウンテンバイクの自然環境における利用特性とライダーの環境保全意識に関する研究．ランドスケープ研究，72：575-578．

田中俊徳（2010）：日本の国立公園における自然保護ガバナンスの提唱．人間と環境，36：2-18．

番匠克二（2013）：日光国立公園戦場ヶ原における保全意識と保全対策の変遷．東京大学農学部演習林報告，128：21-85．

渡辺悌二（2008）：自然公園シリーズ　登山道の保全と管理．古今書院．

渡辺悌二・太田健一・後藤忠志（2004）：大雪山国立公園，裾合平周辺における登山道侵食の長期モニタリング．季刊地理学，56：254-264．

Bradecina, R.G., Sajise, A.J.U. and Shinbo, T. (2011)：Valuing the beachscape beauty of Caramoan, the Philippines：Towards establishing a user fee system for sustainable ecotourism and coastal resource management．農林業問題研究，47：90-95．

Jones, T. (2009)：A policy-based assessment of nature conservation at Kamikochi．地域ブランド研究，5：89-118．

12 自然ツーリズムと災害
——自然災害のリスク管理として

本章では単に,「自然の恵み,そしてその産物である自然ツーリズムと自然災害は表裏一体である」といった一般論を述べるのではなく,「自然災害から生命や財産を守るためには,どのような行動を取れるようになればよいか?」といった,より実践的な内容について述べたい.

具体的には,リスク管理という視点から,山岳および平野・海岸における自然ツーリズムと災害について述べる.重要なのは,「自分が今いるところがどのような自然条件なのかよく考え,絶体絶命の状況に陥ったときにも適切な行動を取れるようになる」ことである.特に,活火山の火口付近は観光地となっていることが多いが,ここは,喘息の方,気管支や心臓に疾患がある方にとっては危険地帯でもある.そのため,このような場合には自然条件だけでなく,自身の病歴や当日の体調についても考慮する必要が出てくる.ちなみに,筆者がよく出かける阿蘇山(熊本県)では,火口周辺に大変強い有毒ガスが流れているため,健康な方であっても立ち入り禁止区域が設定されている(図12.1,2012 年 9 月現在).

以下の各節では具体的な事例についてみていくことにするが,特に出典を示していないものは,新聞記事などをもとに筆者自身がまとめたものである.

図 12.1 阿蘇中岳(熊本県)頂上付近に設置されている立ち入り禁止を促す看板(2012 年撮影)
阿蘇中岳の位置は図 12.8 に示されている.

12.1　山岳におけるリスク管理

12.1.1 火山の恵み / 災害と噴火予知

日本は世界有数の火山国である.火山地域では温泉が湧き,珍しい地形もみられる.そして,火山は透水性がよいため山麓では湧水もみられる.このように,火山地域は人々を引きつける魅力に富んでおり,多くのところが観光地になって

いる．例えば，桜島が噴煙をあげる光景は鹿児島市のシンボルになっているし，1888年に磐梯山（福島県）の水蒸気爆発によって崩壊した山体は，裏磐梯高原と檜原湖，五色沼などのせき止め湖を造り出した（図12.2）．現在，ここは国内有数の観光地になっている．最近でも，1990年代の雲仙普賢岳，2011年の霧島新燃岳，2014年の御嶽山など，国内の火山噴火の例は枚挙にいとまがない．

図12.2 崩壊した磐梯山（福島県）中腹とその結果生じた五色沼（2010年撮影）

　火山噴火に伴う災害を防ぐ究極の手段は，「（特に旅行者としては）活動が活発化している火山には近づかない」ということである．その一方，火山の恩恵を受けて生活している方が多いのも現実である．そこで，火山噴火と付きあって暮らしていくためには，活火山の監視，日常教育，そして避難訓練が重要になってくる．

　北海道の有珠山は，20世紀だけで4回も噴火している活火山である．このうち最後の2000年3月31日の噴火では，その数日前から発生した火山性の地震によって，近日中の噴火が予知された．緊急火山情報をきっかけに周辺住民が速やかに避難したため，犠牲者は1人も出なかった．この理由として，有珠山のハザードマップが作られていたこと，普段から住民・生徒への防災教育がなされていたこと，これまでの噴火を覚えていた住民が多かったことなどがあげられる．度重なる噴火に悩まされる一方，洞爺湖とセットになった雄大な景観や付近に湧く温泉という「自然の恵みと災害」の両側面を兼ね備えた有珠山周辺は，2009年8月に「洞爺湖有珠山ジオパーク」として世界ジオパークに登録された．

　日常教育としては，自分が住む地域にある火山の歴史や噴火様式を知っておくことが重要である．それは，溶岩流や火砕流，火山弾，火山灰を伴うような爆発的な噴火なのか，あるいは噴火自体は激しくないため溶岩流にさえ気をつければ問題ないのか，といった実践的なことである．ただし，例えば，伊豆半島から伊豆諸島にかけて連なる火山群は，割れ目から湧き出すような穏やかな噴火をするといわれているが，2000年の三宅島の噴火は亜硫酸ガスを大量に放出するという，それまでとは異なる噴火様式であった．このように，それまでの常識が通用

しない場合もありうることを，私たちは知っておく必要がある．

　日本付近はプレートが4枚も集中するという地球上の特異地域であり，日本列島には活断層も数多く分布している．また，低気圧が頻繁に通過するのに加え，梅雨，台風，冬の降雪と年降水量は世界的にみても多く，短時間に集中する強い降水も多い．火山に関する学習だけでなく，頻発する地震や気象災害に対する知恵を身につけるためにも，私たちは地学を積極的に学ぶべきである．少なくとも，自然ツーリズム学に興味のある方は，杉谷ほか（2005）に書かれていることは知っておく必要がある．

12.1.2　山に登るときの備え―山岳積雪調査を事例に―

　日本には，火山だけでなく3000m級の山々もいくつか分布している．このような高い山々に登って普段の生活ではみない光景（花畑，周氷河地形や氷河地形など）に触れることは，自然ツーリズムの醍醐味であると思う．最近では，中高年の方だけでなく若い女性たちも登山に出かけるようで，「山ガール」なる言葉もよく耳にする．

　しかしながら，登山は一歩間違えば命を落としかねないスポーツである．この場合重要なのは，「自分の年齢を考え，実力を過信しない」ことである．それにもかかわらず，毎年のように山岳遭難事故（特に年配の方々）のニュースを耳にするのはなぜだろうか？　それは，準備（特に装備）が足りないこと，日程に余裕がないこと，自分自身で天候判断ができないことなどが原因である．最近の例では，8名が亡くなった北海道のトムラウシ山遭難事故（2009年7月16～17日，羽根田ほか，2010）が，この最たるものであろう．この事故はツアー旅行であったが，そもそも登山を普通の旅行と一緒にすべきでない．

　筆者たちの研究室では，毎年3月下旬に新潟県の巻機山で積雪調査をしている（図12.3）．これは基本的に，山麓の標高740mにある山小屋（図12.3のB）をベースに，日帰りで標高1550m（図12.3のG）まで往復し，途中数地点で積雪深と積雪密度を測定するというものである．現場では，山スキー（かかとが上がって登行できるスキー）にシール（滑り止め）をつけて調査地点まで登っていく（図12.4）．帰りは，シールを外して天然の斜面を自由に滑ってくる．巻機山は昔から山スキーのフィールドとなっており，積雪調査の最中にも山スキーを楽しむ人々とよくすれ違う．むしろ，調査のために登山する筆者たちの方が珍しい．

　山岳積雪調査は調査以前に冬山登山であり，3月下旬には冬型の気圧配置にな

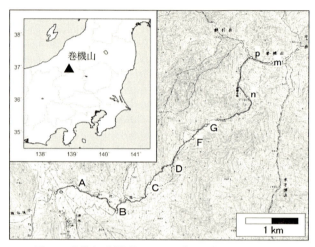

図 12.3 巻機山(新潟県)における積雪調査のルートマップ
1：25000 地形図．巻機山を用いて島村雄一氏（元東京都立大学理学研究科）作成．A〜G, n, p, m は調査地点を表す．地形図中の太い実線は調査ルートを示す．

って降雪になることもある．しかし，屋根がありガスが使える山小屋が山麓にあること，そして日帰りであることから，よほどの悪天候でない限り調査を行う．もちろん，日帰りであっても，冬山登山に十分な個人装備と共同装備をもっていく．「備えあれば憂いなし」である．

表 12.1 には，筆者たちが毎年準備している装備表のうち，冬山登山に必要なものを抜粋した．なお，これは冬

図 12.4 巻機山(新潟県)における登坂風景(2012年，泉岳樹氏（首都大学東京都市環境科学研究科）撮影)

の日帰り山行に必要な装備表であることに注意されたい．表 12.1 の非常用パックとは，本当の非常時に使う「お守り」であり，これまでに筆者はこれを使った経験はない．なお，夏山登山の場合には，表 12.1 から冬山に特有のものを除けばよいが，上述したトムラウシ山遭難事故では多くの方が低体温症で亡くなっているので，夏山でもウール（毛糸）のセーターは必需品である．また，下着は化学繊維かウールでなければならない．綿の下着はぬれると冷たいが，化学繊維や

12.1 山岳におけるリスク管理

表12.1 山岳積雪調査に必要な装備表

島村雄一氏（元東京都立大学理学研究科）が作成した資料を筆者が修正．特記のないものの個数は1つである．

共同装備	救急バッグ（学生課から借用）	ビーコン（学生課から借用）	ツェルト（非常用）
	スノースコップ	篠竹20本	予備シール
	スノーソー	赤布適量	わかん
	ガス	ラジオ	食器
	バーナー	天気図用紙2～3枚	ピッケル
個人装備	プラスチックブーツ	山スキー	ストック
	シール	シュラフカバー（非常用）	銀マット
	ザック	靴下2足	ナイフ
	Tシャツ（綿以外）	アンダーウェア（上下）	山シャツ（ウール）
	スパッツ	手袋（二重）	カッパ（ヤッケ）
	目出帽	ジャージ（下）	ポリタンク
	ウールのセーター／フリース	テルモス	ヘッドライト
	トイレットペーパー	笛	コンパス
	地図（コピー）	細引	軍手
	ゴーグル	サングラス	ザックカバー
	めがね予備	携帯電話の電池	日焼け止め
	日本手ぬぐい2枚	ウェストポーチ	行動食
非常用パック	ライター	非常食	替電球
	ガムテープ	保険証コピー	替電池
	メタ（棒状の固形燃料）	地図（オリジナル）	ろうそく
	ナイフ	レスキューシート	
その他	防水野帳	筆記用具（鉛筆／油性ペン）	デジタルカメラ

ウールの下着はぬれても温かいのである．

　季節を問わず，登山する方は中村（2000）に書かれていることは知っておくべきである．また，日常生活において自分の命を守るために，青木（2003）も読んでおくのがよい．

12.1.3　スキー場やツアー旅行も安全とは限らない

　冬のレジャーに関していえば，スキー場も安全とは限らない．2012年3月13日15:00過ぎには，裏磐梯猫魔スキー場（福島県）で雪崩が起こった．このときには，5人が上級者コースとリフトの間の林を滑っており，そのうち2人が雪崩に巻き込まれた．命に別条がなかったのは幸いであった．当日9:00の天気図は図12.5の通りであり，この日は移動性高気圧が張り出すような形で弱い冬型の気圧配置になっていた．気象庁によれば，「気温は全国的に低めで，本州日本

海側では雨や雪」とのことであり，標高の高いスキー場では降雪となり，表層雪崩が発生したのであろう．スキー場でもコース外は圧雪されておらず，12.1.2項で述べた山スキーのフィールドと何ら変わりはない．「君子危うきに近寄らず」である．

基本的にスキー場では，定められたコース内を滑走している限り，命の危険を感じることはない（滑走中の衝突事故やリフトの乗り降りの際の事故を除く）．したがって，山スキーとは違って冬山用の装備（表12.1）をもつ必要はない．しかしながら，ガーラ湯沢スキー場（新潟県）ではかつて，山麓のガーラ湯沢駅と

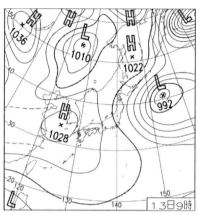

図12.5　裏磐梯猫魔スキー場（福島県）で雪崩事故が発生した日（2012年3月13日）の午前9：00の天気図

気象庁のWebSite（http://www.data.jma.go.jp/fcd/yoho/data/hibiten/2012/201203.pdf）により筆者作成．

山上のスキー場を結ぶゴンドラが強風のため運転を停止し，スキー客が下山できなくなったという事故が何度かあった．そのため，2010年12月のシーズンからは，ゴンドラに乗らなくてもスキーで降りてこられるコースが新設された．これは，「どこに危険が潜んでいるかわからない」という例であろう．

2012年11月5日，万里の長城（中国）で暴風雪のため，ツアー中の日本人旅行者3名が亡くなるという事故があった．発達した低気圧が1960年以来約50年ぶりという大雪を引き起こしたのだが，このツアーを企画したのは，2009年7月のトムラウシ山遭難事故を起こした旅行会社であった．このように，屋外での活動は常に死と背中あわせであることを，我々は再認識すべきである．「常に小心たれ．時には勇気ある撤退を」を肝に命じて行動すべきであろう．

12.2　平野と海岸におけるリスク管理

12.2.1　平野における液状化現象

大昔より，人々は海岸沿いで暮らして海の幸の恩恵を受けてきた．それは，縄文海進（約6000年前）の頃の貝塚の分布からも明らかである．近世以降も，大量の物資を輸送できる舟運に便利な河口沿いに人々は集まり，それが発展して今日の都市になったところが多い．

その一方，平野は地盤が軟弱なため，地震，洪水，高潮などの被害を受けやすい．それを実証したのが，2011年3月11日に発生した東北地方太平洋沖地震である．このときの大きな揺れは広範囲で液状化現象を引き起こし，川沿いの低地，谷状の地形や埋立地では大きな被害が生じた（図12.6）．海から遠く離れた内陸でも液状化現象が生じたことが，今回の大地震の特徴であり，沖積低地は地盤が軟弱なことを，我々は再認識することになった．

図12.6 東北地方太平洋沖地震に伴う液状化によって隆起した建物（2011年撮影）
浦安市（千葉県）において筆者撮影．撮影地点は，図12.7(a)で海となっているところ（埋立地）である．

現代の都市では建物が林立しており，地形がわかりにくくなっている．しかしながら，旧版地形図を利用すれば，都市化が進行する前の地形について知ることができる（図12.7）．旧版地形図は，つくば市の国土地理院や全国の地方測量部で入手することができる（有料）．また，郵送での取り寄せも可能である．最近の地形図と昔の地形図を比較して，自分がいま住んでいるところがもともとどのような地形だったのか知っておくのがよい．

これに関連して，昔からの地名に注目することも大事である．例えば，島原半島（長崎県）には崩山町，南崩山町という地名があるが，これは，1792年に発生した眉山の崩壊を反映したものであろう．このときに崩壊した土砂は有明海に流れ込み，多数の小島を生み出すとともに，「島原大変肥後迷惑」という津波を有明海対岸で引き起こした．また，渋谷駅（東京都）は坂に挟まれた谷間にあり，地下鉄銀座線（東京メトロ）の駅は地上3階にある．これも名が体を表している例である．「平成の大合併」に関連して昔からの地名が失われ，新しい地名が誕生しているところが多いが，これは由々しき事態だと筆者は思う．

12.2.2　リアス式海岸における津波の増幅

平野と比較すると，岩石海岸では山が海に迫っているために，人々が居住可能な土地は少ない．しかしながら，岩石海岸にある溺れ谷（リアス式海岸）では，その地形が活かされ，天然の良港として利用されてきた．また，リアス式海岸は風光明媚であるため，観光名所になっているところが多い．

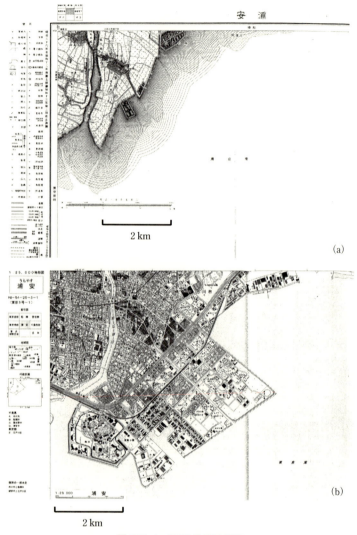

図 12.7 1：25000 地形図 浦安
(a) 大日本帝國陸地測量部による旧版地形図（1939 年発行），(b) 国土地理院による最近の地形図（2005 年発行）．首都大学東京地理学教室にある地形図集により筆者作成．

しかしながら，このリアス式海岸特有の地形が東北地方太平洋沖地震のときには猛威となった．入り組んだ海岸線が津波を増幅させ，場所によっては標高 40 m 付近にまで津波が到達したのである．高架を走っていた三陸鉄道の島越駅

も，津波によって駅舎ごと崩壊した．これに関連して，岩手県宮古市にある重茂半島では，昭和の三陸大津波（1933年）の際，「此処より下に家を建てるな」という石碑が建てられていた．その教えを守って暮らしてきた集落の人々は，今回の地震の際も全世帯が無事であったという．そして，2012年にはこれに加えて，「2011年3月11日の津波到達地点」の石碑も新たに作られた．

「万里の長城」といわれた宮古市田老町の防潮堤（高さ10 m，長さ2500 m）も，今回の大津波を防ぐことはできなかった．復興計画では，二重になっている海側の防潮堤は高さ14.7 mとし，陸側の防潮堤の高さは10 mとするという．いずれにしろ，高さ40 mの大津波が再び襲来したならばこれらの防潮堤では津波を完全には防ぎきれないが，この点に関しては，住宅を高台に移転したり，避難路を整備したりして対応するという．「千年に1度という今回の大津波に対して，どの程度安全を見込めば十分か？」というのは難しい問題であり，この復興計画は妥当なものだと筆者は思う．

津波災害の場合，12.1.1項の火山噴火の場合と同様，日常教育および避難訓練が重要になってくる．東北地方太平洋沖地震に伴う津波の際，釜石市の小中学生の98％は無事であったという．これは「津波てんでんこ」（津波が来たら，とるものも取らず，家族にも構わず，各自てんでんばらばらに高台へ逃げろ）という，三陸地方の津波防災伝承を順守したおかげであろう．日頃からの教育がいかに大事かという例である．

三陸地方では，「人生に津波は2度来る」という．実際，1896年（明治の三陸大津波），1933年，2011年に大津波が起こっていることと日本人の平均寿命を考慮すると，この格言は的を射ている．三陸地方の大津波に限らず，東海地震，東南海地震，南海地震という南海トラフ沿いの大地震は歴史上繰り返し発生してきており，近い将来の発生も予測されている．「自然災害のリスク管理とは何か？」をよく考え，これら来たるべき地震に備えたい．　　　　　　　　［松 山　洋］

●ツーリズム資源としての風力発電

　日本は，中緯度偏西風帯に位置する山岳国である．そのため，起伏に富んだ地形と長い海岸線を活かして，国内各地で風力発電が行われている．風車は山岳地域と海岸沿いに多く分布し，どちらも周囲にマッチした美しい景観を生み出している．特に，偏西風という気象資源を活かして日本海側に設置されてい

る風車の場合，夕陽が沈む光景と風車がマッチして絵になる．露天風呂からこの風景を眺めるとなおさらである．

風力発電にはエコでクリーンなイメージがあり，この傾向は東日本大震災を契機とした原発事故以降，特に顕著である．そして，技術向上や補助金制度の実施に伴い，国内の風力発電の導入実績は着実に増加している．しかし，日本の風力発電は電力買い取り価格が低く投資インセンティブが起きにくい，あるいは低周波騒音や風車の耐用年数の問題がある，といった点も指摘されている．

世界最大級のカルデラである阿蘇山の西側にも「阿蘇にしはらウィンドファーム」がある（図12.8）．電源開発株式会社が運用するこのウィンドファームは，2005年に営業運転を開始し，一般家庭約7000世帯分の電力を発電している．一般に，高度が増すに連れて風速は大きくなる傾向があるが，ここは違う．図12.8の立野火口瀬（カルデラの出口）から強い東風（まつぼり風）が吹いてくるため，標高が低いところにある風車の方が発電量は多いという．いずれにしろ，ここは局地風を活かし，観光資源にもなっている発電所である．

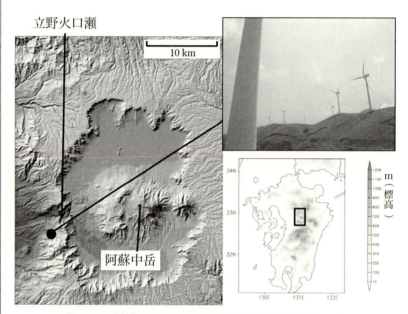

図12.8　阿蘇外輪山西縁に位置する阿蘇にしはらウィンドファーム
左側の陰影図の黒丸の付近に風車が林立している（右上の写真，2011年撮影）．陰影図自体は国土地理院数値地図50mメッシュ（標高）を用いて作成したものであり，その範囲は右下の九州の図中で太線によって示されている．陰影図中，阿蘇外輪山の狭窄部となっているのが立野火口瀬である．齋藤　仁氏（関東学院大学経済学部）および稲村友彦氏（損保ジャパン日本興亜リスクマネジメント株式会社）の協力により作成．

文　献

青木　孝（2003）：いのちを守る気象学，岩波書店．
杉谷　隆・平井幸弘・松本　淳（2005）：風景のなかの自然地理 改訂版，古今書院．
中村　繁（2000）：山登り気象学，日本気象協会
羽根田　治・飯田　肇・金田正樹・山本正嘉（2010）：トムラウシ山遭難はなぜ起きたのか―低体温症と事故の教訓―，山と渓谷社．

13 自然ツーリズムと地域計画・地域づくり

13.1 地域づくりの考え方

　自然環境の保全や地域の持続性を意識したツーリズムでは，観光客が環境に配慮した観光や体験活動に参加するのみならず，観光や体験活動の資源となる自然環境や文化を保全する活動に参加することがある．例えば，観光客がガイドや地域住民とともに清掃や植樹など自然保護活動に参加したり，コミュニティ活動，地域の祭事，農林水産業の担い手として参加したりするような体験型メニューはこうした事例としてあげられる．また，観光施設や体験観光のインタープリテーション（解説）の中に，一般的な説明に加えて，地域づくりの紹介や観光客に対して地域活動への理解を促すルールが含まれるなど，従来の観光と異なる，観光の「新しい」仕組み（運営主体，アトラクション，価値観，自然環境との関わり方，地域への貢献など）として地域づくりが密接に関わるようになった．

　近年の観光動向を踏まえると，地域住民が，特定の社会集団を超えて，漁業・農業協同組合，地域づくりに関する団体，観光事業者など，さまざまな主体と関係性を築いていたり，地域住民自ら地域の持続性と観光のバランスについて考え，自然環境や地域社会を守るための観光の倫理的規範を検討し，地域づくりおよび観光の両側面で積極的に活用・発信していたりする点が特徴である．この場合，自然資源は重要な観光資源でありつつも，地域にとって農業，漁業，地場産業など，多様な生業活動の場である．そのため，地域にとって持続的な資源管理の方法を検討し，地域づくりに取り組むことが，観光資源の魅力を高めることにつながる．本章では，沖縄県の八重山諸島に位置する石垣市白保を事例に，地域づくりを基盤とした自然ツーリズムの展開とその可能性について考察する．

13.2 石垣市白保をめぐる空港建設問題と地域づくり

13.2.1 石垣市白保における新石垣空港建設問題

　石垣市大字白保は，石垣島の南西に位置する漁業・農業を生業とする集落である（図13.1）．1979年に新石垣空港建設計画が公表され，建設候補地として白保

13.2 石垣市白保をめぐる空港建設問題と地域づくり

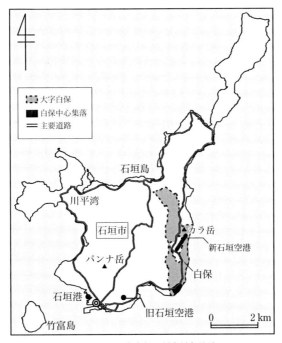

図 13.1 石垣市白保の研究対象地域

集落東海域があげられた．新石垣空港建設促進協議会は新空港建設を推進し，八重山漁協が候補エリアの漁業権放棄を可決し，新空港の建設が進むかにみえた．

しかし，建設地にあった白保集落では白保公民館を中心とする「新石垣空港建設阻止委員会」が発足し，建設反対運動を展開した．また，白保海域のサンゴ礁は，北半球最大規模のアオサンゴ礁の群生地であったため，日本生態学会がこれを世界遺産条約で保護するように決議した．これらの反対運動により，白保海域のサンゴ礁は世界サンゴ礁学会，世界自然保護基金（WWF）などの世界的な活動団体から注目を集め，さまざまな見地の人権活動家や学識者，団体の論議の対象となっていった．

1988年には，国際自然保護連盟（IUCN）により，サンゴ礁を保護するために新空港建設計画の撤回を政府に求める決議が行われ，1989年に沖縄県と環境庁は建設予定地をカラ岳東側海上へ移動させた．しかし，一部は白保のサンゴ礁が含まれていたため反対運動は続き，他の候補地を経て，2001年に現在の新空港が立地するカラ岳陸上地に建設が決定した．今後も引き続き，サンゴ礁の調査や

保全，啓発活動に取り組むために，WWFサンゴ礁保護研究センター（しらほサンゴ村）が白保集落内に設置された．

一連の空港問題を通して，さまざまな学識者や国際的な研究団体が白保のサンゴ礁の希少性や保護の重要性を唱えたことと並行して，地域住民自身もまた，建設の賛否の背景にある彼らの生活世界と，そこで築かれた伝統的な生活文化の本質について客体化する機会とした．白保沿岸地域における共同資源管理の重要性やイノー（サンゴ礁湖）を持続的に活用していくための伝統的な漁労技術や漁村文化に対する再評価は，白保集落における地域づくりの発想の原点となっている．

13.2.2 白保ゆらてぃく地図の制作と地域の「気づき」

白保集落の地域づくりは，地域の自然環境や伝統的な文化，地域固有の暮らしを次世代へ継承するための取り組みが特徴である．このような地域づくりの契機となったのが，2004年に沖縄県の離島・過疎地域ふるさとづくり支援事業を用いて実施した「ゆらてぃく白保村体験事業」（事業費600万円，うち沖縄県300万円，石垣市300万円負担）である．事業の実行委員会は，公民館や老人会，婦人会，青年会，学校教育機関，農業団体，伝統文化を受け継ぐ地域団体，WWFしらほサンゴ村など，白保集落の地域づくりに関わるさまざまな組織（ステークホルダー）によって構成された．事業の主な取り組みとして「体験・感動プログラム」「創造・交流プログラム」「地産・地食プログラム」「次世代プラン」の4つの班が設けられた．

注目すべき取り組みは，この「次世代プラン」づくりの一環として取り組まれた「白保ゆらてぃく地図」の制作である．ゆらてぃく地図は，白保小学校の児童が白保集落を歩きながら，児童の視点から集落のよい箇所や後世に残したい箇所を記録し，地域住民に聞き取り調査をしながら地図にまとめたものである．この地図づくりでは，井戸や屋敷囲いなど伝統的な文化資源のみならず，児童らが小学校の校舎から眺める赤瓦の集落と海の景色に愛着を抱いていること，また校庭の三本木，フクギの屋敷林の木陰や登る木，道，海岸沿いの護岸など，児童が遊び場として利用する場所も明らかとなり，親世代・祖父母世代である地域住民が子供たちのために日常生活を守り，地域資源を継承したいと思う契機となった(図13.2)．一方で，集落内に児童らの遊ぶ場所が減りつつある問題点も指摘された．集落内における子供たちの遊び場や散歩道となる集落の伝統的な景観や路地，海岸眺望などを保全する重要性が再確認された．

13.2 石垣市白保をめぐる空港建設問題と地域づくり　　137

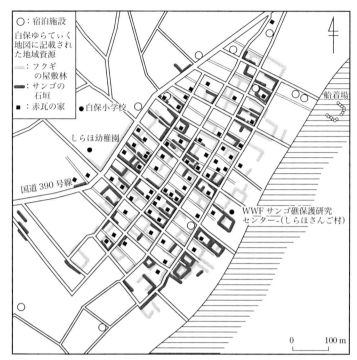

図 13.2 白保中心集落における地域資源と宿泊施設の分布（「白保ゆらてぃく地図—今編」，および各宿泊施設のウェブサイトにより作成）

　現在，白保ゆらてぃく地図は，集落範囲をまとめた「今編」のほかに，同じ集落範囲の地図で，高齢者の聞き書きをもとに作成された昔編（戦前・戦後），そして集落範囲に加え，サンゴ礁海域まで広げた「広域編」がある（図13.3）．この「広域編」地図の海岸線沿いには，漁家ごとの定置漁具（インカチ）が記され，さらに沖には地域住民が使う地名が記されている．この広域編地図は，地図情報を伝える役割以上に，農業と漁業を生業として暮らしてきた地域固有の生活文化とその生活圏がわかるようになっている．同時に地域住民にと

図 13.3 白保ゆらてぃく地図（広域編）

って自分たちが取り組み，かつ責任を果たすべき地域づくりの範囲が認識できるようになっている．

白保集落では，かつて空港建設問題を契機に地域のアオサンゴ礁の保全に取り組むようになった．そして，集落内の美観づくりや田畑の環境整備に取り組むことが，集落の範囲を超えて，さまざまな地域が共有する河川や海の保全につながるという「気づき」が生まれた．その姿勢が現在の地域づくりに表れている．

13.3 「白保村ゆらてぃく憲章」と持続的な資源の管理

13.3.1 白保村ゆらてぃく憲章と持続的な資源の管理

2004年当時の白保集落では，沖縄県への移住ブームを背景として，サンゴ礁湖でのシュノーケリングを目的とした観光客や，白保への移住を目的としたIターン者が急激に増加し，白保における総人口の10%をIターン者が占めるようになった（図13.4）．生活環境が著しく変化していく中で，白保集落で行われてきた祭事や伝統行事，民俗・慣習，歌や踊り，伝統工芸などの多くは，継承が困難になりつつあった．このような危機感から，文化を口承のみで受け継ぐのではなく，継承すべき文化の項目を明文化し，改めて整理して，既往の住民やIターン者がともに学び，地域づくりに参加することが重要であるとされた．

白保集落ではゆらてぃく地図の制作など子供たちの意見を参考にし，地域の未来ビジョンに関わるアンケート調査の実施や座談会での議論を重ね，地域住民の意見を踏まえた「ゆらてぃく白保村づくり基本方針」をまとめた．この提案書をもとに，数々の話し合いを経て，2006年には白保公民館の総会を経て「白保村ゆらてぃく憲章」が制定された．

白保村ゆらてぃく憲章は，①地域独自の文化を守り，②サンゴ礁および地域の自然環境との共存，③町なみの保全，④地場産業の育成，⑤教育力の向上，⑥スポーツ・健康づくり，⑦地域住民の団結に関わる7か条と，これらに関わる具体的な施策内容から構成されている．施策内容は，芸能や風習，

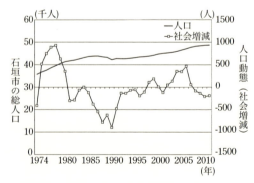

図 13.4 石垣市の人口推移（石垣市資料により作成）

祭事など地域文化の保存継承の方法や，自然環境の保全と活用，農業・漁業の活性化，地場産業の開発，特産品づくり，子供の育成を図る教育組織の連携など，詳細かつ具体的に明記されており，この地域が目指す地域づくりの方向性を世代を問わず理解できるように構成されている．また，子供たちが地域の何気ない風景に愛着をもっていたように，地域に対する「誇り」や「愛着」，ともに協力し地域づくりに取り組む「団結心」など無形の要素について明記されている点も特徴である．この憲章は，2004年の地図づくりから始まり，さまざまな世代が取り組んできた地域づくりの成果が踏まえられた形となった．

13.3.2 白保魚湧く海保全協議会による資源管理とエコツアー

白保集落では，憲章づくりの動きと並行して，海域の保全・活用に関わる地域づくりに取り組んできた．集落の接する海は，学術的に貴重なアオサンゴの群生が繁殖するサンゴ礁海域であり，同時に白保集落の住民にとって重要な魚場，あるいは農家の「おかずとり」(漁労)の場でもある．地域住民が主体となって地域資源を保全・管理・活用するための活動組織として，2005年に「白保魚湧く海保全協議会」(以下，協議会)が組織された．

協議会は，「地域の持続的な発展」を目標に，サンゴ礁海域における伝統的な利用形態の維持や周辺の自然環境・生活環境の保全と再生，およびそれらをめぐる地域資源の持続的な管理に取り組んでいる．構成員は，白保公民館や農家，漁家，ハーリー(航海の安全や豊漁を祈願する競漕の伝統行事)組合，老人会，婦人会，青年会など白保の地域づくりに参加している地域住民のみならず，白保で観光事業に携わる民宿経営者やシュノーケル観光事業者なども参加している点が特徴である．石垣島は，ダイビングやシュノーケルを目的とした観光客が多く訪れる地域でもある．協議会では，「観光事業者」「レジャー利用者」「おかずとり・漁業者」「研究者」それぞれの利用ルールを制定し，地域づくりの方向性の1つとして観光のコントロールを行いつつ，生活を優先した持続的な地域資源の活用を目指している．

白保の沿岸域では，民宿事業者や旅行業者によりシュノーケリングツアーの商品化が進んでおり，夏季にはサンゴ礁観光を目的とした観光客が多く訪れている．協議会のルールでは，白保のサンゴ礁海域で観光業を営む場合には，協議会の理事会や評価機関の審査を経て協議会の会員となることを前提とし，観光事業に際してサンゴ礁保全に関する講習会や事前研修への参加や事業計画書の提出が取り

決められている．新規参入事業者には既存事業者のもとで 2 年以上のエコツアーガイドの実務に従事するか，実務経験のあるスタッフを雇用するように指導している．また，観光ツアーを実施する際には，海浜の生息環境の維持，動力船（遊漁船）の航行時の環境への配慮，サンゴ礁への負担を軽減するためのツアーポイントの柔軟な変更，干潮時間帯の観光の自粛，シュノーケリング時に観光客が立つための海中ポイントの設定，アンカリングの投げ入れ時の注意点，環境保全調査への協力など，事業者側が守るべきルールがある．それに加え，観光客に対しても立ち泳ぎや餌づけ時の注意点など，環境保護に対する理解を促し，ルールを守らせる指導の実施を事業者に義務づけることを含む，サンゴ礁環境の保全のための徹底したルールを策定した．2012 年時点でシュノーケル観光事業者 4 社，民宿 10 軒，エコツアー事業者 1 社が協議会に参加している．

このようなエコツアーのツーリストコード（観光倫理）は，観光客が地域社会や自然環境に対して責任ある行為や実践を行うためにあり，なおかつ観光の運営が地域に根差したものであって，その許容範囲を超えないことが重要であることを，関係主体に認識させるものである．また，協議会からも提示されているように，これらツーリストコードを順守する方法として，コードを理解した観光事業者によるエコツアーが推奨されている．

一方，近年では「エコ」と銘打ったツアー商品は数多く販売されており，このようなエコツアーのコードは，旅行商品を購入する観光客にとって，当該ツアーが真の「エコ」であるかどうかを判断，認識させることにも役立っている．エコツアーでは，従来の観光ツアーとどのような点で異なるのか，例えば自然環境や地域社会の持続性に対してどのように貢献するのか，環境に対する配慮や負荷の軽減はどうなされるのかなど，具体的に認識できることが，消費者である観光客にとって重要である．ここで 2013 年時点で白保中心集落に立地する宿泊施設をみると，その半数は，シュノーケリングやグラスボートを活用したサンゴ環礁ツアーなどの体験型商品を販売している（表 13.1，図 13.2）．各宿泊施設のウェブサイトには，事業者が協議会に加入していることが記載され，ゆらてぃく憲章や協議会の活動の重要性について紹介するページや白保の祭事や集落景観，文化資源について紹介するページなどがみられ，各事業者にとってもコードに理解を示し，順守することがビジネスとしての信頼を得ることにつながっている．

表 13.1 白保中心集落に立地する宿泊施設の経営

		部屋数	定員	併設	素泊まり	1泊2食	体験ツアー	備考
1	ペンション 1棟貸し			なし	12000円	なし	なし	
2		5室	10名	なし	1800円	食事なし	観光ツアー，ナイトツアー，ビーチエントリーのシュノーケルツアー	
3		15室	40名	食堂・土産店	3000円	4500円～	サンゴ・熱帯魚シュノーケリング体験ツアー・レンタサイクル	
4		9室	―	食堂・土産店	3000円	4000円～	白保アオサンゴシュノーケルツアー	
5		4室	10名	なし	3500円	食事なし	三線体験教室	古民家改築，日曜市で島唄ライブ
6	ドミトリー（女性専用）			なし	2000円（朝食）	食事なし	なし	
7		6室	22名	なし	※52000円～	食事なし	なし	古民家改築，エコ&インターナショナルステイ，学びあいプラン
8		2室	4名	弁当販売	4600円～	―	レンタサイクル	
9		―	―	なし	―	5000円	グラスボートサンゴツアー，シュノーケリング	漁師宿，白保散策マップ
10		―	―	なし	2500円	4000円	シュノーケリング，海人（漁業）体験，農業体験	農林漁業体験民宿
11	ドミトリー			なし	1500円～	食事なし	なし	

―：不明　　　　　　　　　　　　（各宿泊施設のパンフレットおよびウェブサイトにより作成）

13.3.3 地域資源の再評価と地域文化の継承

　協議会の活動内容は，沿岸域の利用ルールの策定や「海垣」（後述）の復活，海岸清掃，グリーンベルトの植樹，環境教育活動やエコツーリズムの展開を主とする．協議会の掲げる「魚湧く海」という言葉は，禁漁区の制定や稚魚の放流など資源の増殖のみならず，サンゴ礁の海をめぐる地域の文化を継承していく活動も指している．2006年には，地域住民らの手によって定置漁具「海垣（インカチ）」が復元された．海垣は浅瀬に半円の形に石垣を組んだもので，魚が潮の満ち引きによって海垣にかかる伝統的な漁法である．復元された海垣は，白保小学校や中学校の体験学習の一環として利用されており，白保集落における半農半漁の暮ら

しを伝える象徴となりつつある．

　2007年からは，農地からサンゴ礁が生息する沿岸地域への赤土流出を防止するために，農家の協力を得て畑の周辺に月桃やイトバショウなどを植樹する「グリーンベルト大作戦」が実施されている．これは小学校や中学校の環境教育の一環として，協議会が地元農家や教育機関と連携して，協働で植えつけ作業を実施しており，現在では，その発展的プログラムとして県外の大学生や企業などの団体旅行客の受け入れを対象としたエコツアー（セミナーの学習やインターンシッププログラム，企業ボランティア研修など）も実施されるようになった．また，月桃は地域の新しい地場産品として，ルームスプレーや月桃茶に加工され，白保日曜市や土産店などで販売され，売上代金の一部は協力農家に還元されている．

　現在，憲章の施策のひとつとして，白保集落では石垣積みの景観整備に取り組んでいる（図13.5）．祭事の際に通る道（カンヌミチやンガマミチなど）を中心に，家主の理解を経てブロック塀を取り除き，地域住民のボランティアによる石積み修復作業が行われている．この石積み作業には，高齢者から小学生まで幅広い世代の住民が参加しており，地域住民同士の交流の機会としてはもちろん，移住者が地域住民と交流する重要な機会ともなっている．

　またこの石積みの整備を中心に，赤瓦や福木並木など地域の歴史や伝統文化について地域住民自身が学ぶ勉強会「白保学講座」も開催されており，地域住民主体による「公民館指定文化財」の選定にも取り組んでいる．修復された石積みのある赤瓦の家屋では，家主の協力により庭や家屋が開放され，「ゆらてぃく文庫」や婦人会の活動として児童と母親による定期的な読み聞かせ会や遊具づくり，クリスマス会が開催される．子供たちが地図制作で「誇り」に思った石垣の屋敷囲いは地域住民によって修復され，子供たちが集う場所へと再生された．地域づくりを通して，地域の伝統的な資源を発掘し，歴史を確認・整理する取り組みは，歴史的な価値を記録するための作業であるのみならず，今後この資源を地域住民がどのようにして保全活用していくかという現代的な存在意義を問う作業でもある．

　このような白保集落の活動は，さま

図13.5　石垣積みの景観整備
（2012年3月撮影）

13.3 「白保村ゆらてぃく憲章」と持続的な資源の管理

ざまな活動に波及しており，若い後継者の育成や新しいビジネスチャンスやアイディアを得るきっかけとなっている．その1つが琉球織物である．石垣市には国の伝統的工芸品の指定を受けた八重山上布がある．上布の織り手として収入を得るためには，高い織り技術が必要であるため，近年では，生産者が減少していることが問題であった．以下では白保で上布を生産するA氏に着目する．

図13.6 織友の子の織物体験活動
（2010年8月撮影）

　白保で生まれたA氏は，20歳であった1978年に石垣市織物事業協同組合の後継者育成事業で織り技術を身につけた．結婚や出産後も育児と両立して帯を織り続け，子供が大学へ進学し，卒業することを目標に，組合の注文を受けて着尺（反物）と帯の生産に従事した．子育てが一段落した頃，白保集落内からブーンミ（織物の糸となる苧麻の績み）の講習会を依頼された．当時は白保で，海垣や集落景観の復元の活動が始まっており，講習会をきっかけに，世代の異なる生産者らと白保の伝統文化でもある織物を活かした活動を模索するようになった．伝統工芸として定められた規格に沿う織物の生産は大変難しく，技術を身につけて間もない若い織り手らにとって織物で生計を立てることは困難である．そこでA氏は2006年に「織友の会」を結成し，しらほサンゴ村を拠点として，4〜5名の女性とコースターやタペストリーの生産や日曜市での販売，子供たちの織物体験活動を実施するようになった（図13.6）．

　織友の会のように，組合に出荷できない規格外の織物を自由に生産・販売できる場の提供は，若い世代への技術の継承や定着にもつながっている．A氏は，組合に出荷する伝統的な規格に沿った織物の生産と，地域づくりと連携した織友の会の活動を7対3の割合で維持している．織友の会での規格を超えた新しい素材・製品づくりのアイディアや，シーサーづくりや石垣の復元など，白保の多様な地域活動との交流から，伝統工芸を受け継ぐ担い手としての自覚を再確認し，規格品としての八重山上布を生産する原動力を得ている．

13.4　地域づくりの成果を活かしたエコツーリズムの展開

　白保集落は，新石垣空港の建設を契機に，地域の自然環境や住環境を維持できるかどうか，転機を迎えていた．雇用先がないため若者が流出し過疎・高齢化が進む一方，2000年代後半からは急激に移住者が増加し，伝統文化の継承やコミュニティの結束をどう維持していくかが大きな課題となった．

　白保集落の地域づくりは，地域の文化や固有の風土，地域資源を見直し，それらを維持・継承する地域システムの構築と運営を核としたものである．海や集落それぞれで伝統文化を守るための活動が進み，現在ではこれらの活動が観光資源として注目されつつある．海岸への赤土流出防止策として，協議会が取り組む畑への月桃の定植活動は，エコツーリズムのプログラムとして定着しており，近年では沿岸においてギーラー（ヒメジャコ）の放流事業も行われ，観光での活用も検討されている．海垣の体験や民泊も含め，これらの参加者は地域住民とともに取り組むことでより深く地域づくりについて理解することができ，リピーターとして活動に継続的に参加する観光客もみられる．

　また，地域の農産品や地場産業製品を販売する「白保日曜市」は，子供たちが焼物や織物など地場産業を体験する場であり，大学生らが伝統芸能を披露する場，地域の民俗誌を伝える語り部や，地域づくりの活動展示の場も提供しており，観光客も多く訪れる（図 13.7）．この白保日曜市の開催も地域の女性が取り組んできた郷土料理研究会がきっかけである．地域住民は，訪れる観光客に白保の多様な活動の成果に触れてもらうことで，白保集落の地域づくりの価値を再認識している．このように，白保における自然ツーリズムの対象となる資源は，地域住民，観光事業者および観光客を巻き込んださまざまな主体による地域づくりを通して協同で管理されており，これらを活用して展開されるエコツーリズムは地域全体の利益として還元されている．

図 13.7　大学生による伝統芸能の披露
（2010 年 8 月撮影）

［井 口　梓］

●八重山諸島における I ターンブーム

　2000年代以降，全国的な「I ターンブーム（農村移住・田舎暮らしブーム）」を迎え，八重山諸島，特に石垣島や西表島，竹富島では2006年をピークに転入者が増加した．特に石垣市は，日本で最も I ターン者が増加した自治体であり，急激な人口増加によるリゾート開発や地価の高騰，分譲地の拡大，森林の乱開発による赤土流出が問題となった．また，移住者が土地取引や転入先である地区の生活規範を十分に理解せず，地元住民と軋轢が生じたり，仕事が見つからないまま転入し，生計が立てられない I ターン者がみられたりするようになった．結果として，2007年以降に転入ブームは過ぎ，代わって I ターン者の離島が続いたため，石垣市の人口は急激な転出超過となった．

　一方，石垣市にとどまった I ターン者に着目すると，彼らはエコツーリズムのガイドや地場産品を活かした土産店や飲食店の経営，八重山ミンサー・八重山上布の生産者として活動している．彼らの多くは，コミュニティと積極的に関わることで地域の自然環境や文化を理解し，地域資源を活かした観光業，地場産業に従事しながら，自立した生活を模索している．白保集落もまた，I ターン者と地元住民とがともに地域づくりの活動に関わることで，地域の伝統文化を守りつつ，観光や新しい特産品の開発などの地域振興と両立しようとしている．近年では，彼ら若い I ターン世代が，子供を産み育てることで，石垣市の人口は維持されている．地域がどのように I ターン者を受け入れ，I ターン者がどのような社会的役割を果たしていくかが，定住への鍵となる．

文　献

小畑清剛（2009）：コモンズと環境訴訟の再定位―法的人間像からの探究，法律文化社．
上村真仁（2007）：石垣島白保「垣」再生―住民全体のサンゴ礁保全に向けて―．地域研究，**3**：175-188．
上村真仁（2011）：「里海」をキーワードとした生物多様性保全の可能性―世界海垣サミット in 白保を通して―．地域研究，**8**：17-28．
白保魚湧く海保全協議会：http://www.sa-bu.com/（2014年4月23日確認）
安福恵美子（2006）：ツーリズムと文化体験―〈場〉の価値とそのマネジメントをめぐって―，流通経済大学出版会．

14 自然ツーリズムと環境教育

14.1 自然環境の総合的理解

　自然環境の仕組みや景観の成り立ちを読み解くことは，自然ツーリズムの最大の楽しみであろう．その際，大気圏・水圏・地圏と生物圏の自然環境をシステムとして，かつシームレスのものとして考えることで，自然ツーリズムの楽しみが格段に広がる．また，自然環境を適切に保全していくことも，自然ツーリズムの重要な意義である．そのときにも，自然環境のシステムを正しく理解することが基本になる．

　自然ツーリズムを「サステイナブルツーリズム」の一形態としてみるならば，環境教育は，自然ツーリズムを正しい方向に導くための欠かせない土台といえる．自然ツーリズムにおける環境教育は，基礎的側面と応用的側面の2つの意味を含んでいる．すなわち，自然環境の仕組みを科学的に理解するための基礎的な環境教育と，自然ツーリズム資源としての景観を適切に保全・管理するための応用的な環境教育である．両者はまさに車の両輪であり，どちらも欠かせないものであるが，基礎的な環境教育に立脚する形で応用的な環境教育を進めることが求められる．

　環境教育には自然・人文・社会の諸科学が関わるが，自然環境を総合的に対象とする自然地理学は，環境教育の最も根幹に位置づけられるべき学問分野といえよう．とりわけ，自然ツーリズムの土台として環境教育をみる場合，景観の観察を重視する自然地理学のアプローチは大きな武器になる．本章では，自然ツーリズムのための環境教育に求められる，自然地理学の見方・考え方について解説する．

14.2 自然環境のシステムと景観の成り立ち

14.2.1 景観を読み解く基礎的視点

　自然地理学は，自然環境をシステムとして，かつシームレスのものとして捉え，景観の成り立ちを説明する．ポイントとなるのは，大気・水・地形など自然環境

を構成するさまざまな要素と，各要素の間の相互作用である．自然環境を構成する要素は，それぞれがバラバラに存在しているのではなく，互いに密接に関係しながらシステムを作っている．

自然ツーリズムのよいフィールドである奥日光の戦場ヶ原湿原を事例に，自然環境のシステムを考えてみよう（図14.1）．湿原は，湖沼から森林になる景観遷移の一断面と捉えることができるが，その仕組みは複雑で，さまざまな自然地理学的プロセスが介在する．湿原の景観を変化させる直接的な要因は，地形学的プロセス（土砂収支の変化）と水文学的プロセス（水収支の変化）に分けられ，両者は密接に連動している．また，湿原の流域すべての環境変化が関わることも特徴である．

戦場ヶ原のような盆地の底に位置する山地湿原では，その景観を変化させる要因として，① 扇状地の発達，② 蛇行帯の拡大，③ 基準面の低下，④ 降水量の減少，⑤ 蒸発散と流出の増加，⑥ 人為的作用などがある．これらの要因のうち，①②は河川が運ぶ岩屑が湿原に堆積することによって発生する地形学的な作用で，④⑤は水収支の変化が湿原を乾燥化させる水文学的な作用である．しかし，それぞれ単独で作用するとは限らず，連鎖的に作用することも多い．例えば，扇状地の発達や蛇行帯の拡大によって湿原に樹木が侵入すると，蒸発散が増加する．③は，流域の侵食基準面が下刻され，それによって水収支が変わり湿原が乾燥化するプロセスで，地形学的な作用と水文学的な作用が組み合わされて発生する．

図14.1　戦場ヶ原の地表景観

⑥では，人為的作用によって土砂収支の変化や水収支の変化が起こる．その具体例として，森林を伐採して多量の土砂が湿原に流れ込む，農地の水利用によって湿原を涵養している地下水が減少するなどの環境変化があげられる．

　湿原の景観変化は，自然環境のシステムと，そのシームレス性をよく表している．しかし，どのプロセスが卓越するかは，湿原によって，また同じ湿原でも遷移のステージによって異なる（図14.2）．戦場ヶ原の場合，自然環境下では主に地形学的な作用によって景観がコントロールされていた．まず，男体山の軽石流堆積物が河川を堰き止め，それによって形成された湖沼が乾燥化して湿原になった．その後，男体山などの斜面から砂礫が活発に運ばれ，湿原の北東側に扇状地を発達させた（上記プロセス①）．扇状地側から森林が拡大すると，湿原縁辺部の蒸発散が活発になり，湿原を乾燥化させた（上記プロセス⑤）．これらの変化は自然環境要因によるもので，最も根本にある支配要因は地形学的な作用である（尾方，2003；Ogata, 2005）．しかし，湿原を取り巻く流域に人為的な作用が及ぶようになると，上記プロセス⑥が大きな意味をもつようになった．とりわけ，寒冷な気候を活かした高冷地農業の拡大による流域水収支の変化と，山地斜面の森林伐採による土砂収支の変化は，湿原の景観を変化させる支配要因になりつつある（尾方，2012）．

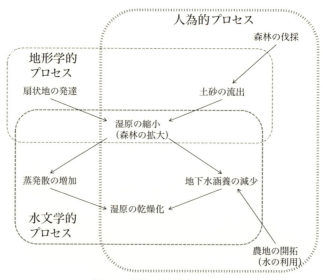

図 14.2　戦場ヶ原の環境システム

戦場ヶ原の事例は，湿原の景観変化にもさまざまなプロセスが存在することを示している．自然環境の仕組みや景観の成り立ちを読み解くには，漠然と自然をみていても，また特定の対象だけを考えていても解決しない．複雑なシステムの中から支配要因を導きだす視点が大切である．自然環境を総合的に考察する自然地理学の見方・考え方に基づき，自然環境をシステムとして，かつシームレスのものとして理解することは，環境教育の本質といえる．

14.2.2 景観を読み解く応用的視点

景観を変化させる支配要因を見抜くことは，自然ツーリズム資源を保全・管理する際の最も重要な視点でもある．湿原を流れる河川の地形変化は，湿原を取り巻く環境システムに組み込まれているため，湿原の景観に影響する．河川の地形変化にもさまざまなプロセスがあるが，河岸の侵食は直接的に湿原を縮小させる要因になる．そのため戦場ヶ原では，湿原の景観を保全することを目的に，河岸侵食を軽減する対策がとられてきた．しかし，これまでの対策は，自然地理学的な知見に基づいていないため，あまりうまくいっていない．

河岸侵食を引き起こす営力は河川を流れる水だけではない．河岸を構成する物質が重力の作用で崩落することも侵食の重要な営力である．さらに地表環境によっては別の営力が作用することもある．例えば戦場ヶ原のような寒冷な地域では，地表面が凍結・融解を繰り返すことによって河岸物質が移動する．これも大きな侵食の営力になる（図14.3）．

野外で地形・堆積物のモニタリングを行い，これらの要因の寄与を定量的に調べたところ，侵食の量は凍結と融解が発生する時期に大きくなることがわかった (Yumoto et al., 2006)．まず，日周期で凍結と融解を繰り返す時期（厳冬期の前後）には，水分の多い水面付近で霜柱による表層物質の活発な移動が起こり，河岸にノッチ（くぼみ）を拡大させる．厳冬期になると河岸がほぼ全面的に凍結し，特にノッチの上の庇（ひさし）部分には厚い季節凍土が形成される．融解期になると，庇部分の軟弱化と，その下

図14.3 凍結融解作用による河岸の侵食（戦場ヶ原）（2003年撮影）

のノッチの拡大との相乗効果で，庇が大規模に崩落したり，流水によって激しく侵食されたりする．このように，凍結融解作用は，直接的な侵食営力となるほか，間接的に他のプロセス（重力落下と流水侵食）を発生させる引き金にもなっている．すなわち，戦場ヶ原の河岸侵食をコントロールしている最大の要因は，凍結融解作用と考えられる．一方，凍結融解作用と無関係の夏季には，増水による侵食がイベント的に発生するものの，その量は凍結融解作用に関連する侵食量には及ばなかった．

さて，戦場ヶ原のように凍結融解作用が河岸侵食の支配要因になる地域では，それを想定した景観保全の対策がとられなければならない．図14.3は，攻撃斜面（流水侵食を受けやすい蛇行の外側部分）を守るために打ち込まれた杭が破壊されている様子である．杭を破壊したのは，凍上と呼ばれる凍結による地表物質の膨張であろう．もし凍結融解作用を想定した保全対策がとられていれば，流水の影響を想定した施工地点ではなく，日射の当たり方や地表面の温度変化を想定した施工地点が検討されていたはずである．また，凍結融解作用による地形変化は，植生のない地表で活発に発生する．施工の際に植生を剥ぎとることによって凍結融解作用が促進されることを理解していれば，工法も別の選択があったように思える．

景観を保全・管理するという応用的な視点においても，自然環境をシステムとして捉え，その中から景観を変化させる支配要因を見抜くことが大切である．自然環境の仕組みを理解しないままに行われる景観保全は，意味がないばかりか，害をもたらす場合さえあることを警告しておきたい．

14.3　地球の営みを理解するための環境教育

14.3.1　地形・堆積物から読み解く自然環境

自然環境をシステムとして理解するには，どのような環境教育が必要なのであろうか．特に，自然ツーリズムの枠組みで考えるとき，野外での環境教育としてどのようなアプローチが有効であろうか．そのひとつの答えは，学術的な野外巡検のアレンジであろう．特に，自然環境そのものを対象にする自然地理学は，野外での景観観察を重視する．自然地理学の巡検を環境教育プログラムにアレンジすることは，効果的かつ実践的な方法といえる．

琉球大学教育学部自然地理学研究室では「地形学をベースにしたジオツーリズム」のプログラム開発と実践を進めている（尾方，2011）．ジオツーリズムは自

然ツーリズムの一形態であり，多様なテーマやアプローチがあるが，そのひとつが「地形や堆積物から自然環境を学ぶ」という視点である．地形や堆積物から読み解くことができる地形学的なプロセスは，自然環境を総合的に映し出したものになる．

　地形と堆積物から自然環境を捉える際には，地質条件（地形を作る物質）と気候条件（地形を作る営力）を組み合わせて考えることが大切である．例えば，カルスト地形は石灰岩の溶解によって形成されるが，石灰岩の溶解には，岩石の性質と，温度や二酸化炭素濃度をはじめとする環境要因の両者が作用している．沖縄島にみられる円錐カルスト（図14.4a）は，温帯のなだらかなカルスト台地との比較で，亜熱帯の気候が作る地形と考えられることもある．確かに，降水量が多く，かつ生物活動が活発で土壌中の二酸化炭素濃度が高くなる高温多雨の地域では，化学的風化が進みやすい．しかし，この地域の石灰岩は層理がはっきりしており，物理的風化も受けやすい．カルスト地形に限らず，地形学的事象を考えるときには，地質要因と気候要因，さらには時間要因のすべてを考慮しないと科学的な理解には至らない．

　地球表層の景観は，地域的な自然環境だけではなく，地球規模の環境システムも映し出している．沖縄島の海成段丘（図14.4b）において段丘崖に露出する堆積物をみると，サンゴ化石を含む第四系の石灰岩からなることがわかる．これは，温暖な間氷期に形成されたサンゴ礁が，海面が低下した氷期に陸化し，かつその地盤が隆起したために，次の温暖期になっても海面下に没しないで陸上に段丘を作っていることを示している．また，琉球諸島の海岸を縁どるサンゴ礁は，この地域が造礁サンゴの生育条件に合致していることを意味する．地球規模でみれば，サンゴ礁の生育条件は主に気候によって決まる．琉球諸島のサンゴ礁は分布の北

図14.4 円錐カルストと海成段丘（本部半島）
(a) 円錐カルスト（2009年撮影），(b) 海成段丘（2010年撮影）

限付近に位置するため，規模の小さい裾礁に限定される．したがって生態系の脆弱性が他のサンゴ礁地域より高く，わずかな環境変化がサンゴ礁の形成を阻害する．

　地形や堆積物は，自然環境を総合的に学ぶ，野外の素晴らしい教材である．普段から見慣れた風景も，自然地理学のフィルターを通して観察すれば，自然環境の意味づけや価値づけがなされた景観としてみえてくるであろう．これは，自然ツーリズムの楽しみそのものといえる．

14.3.2　シームレスに理解する地球の営み

　地形や堆積物から読み解く自然環境は，地球の歴史的変遷の上に成り立っているものであり，人間活動を支えている基盤でもある．これからの地球市民には，「地球の営み」の中で環境教育を位置づけることが求められる．その一例として，琉球諸島の伊江島で大学生を対象に行われた野外巡検のプログラムを紹介しよう（尾方，2013）．

　伊江島のシンボルは，「タッチュー」と呼ばれ沖縄の人々に親しまれている城山（標高172 m）であろう．城山は，沖縄では珍しい岩盤が露出する岩山で，周囲を平坦面が取り巻いているために非常に目立ち，沖縄島の各地から望むことができる．近年では民泊が盛んになり，修学旅行生が訪れることも多い．城山の登山口では，島の北側の「湧出（ワジー）」と呼ばれる湧水を使った清涼飲料水を販売している．この巡検では，沖縄の人たちに親しみのある「城山」と「湧出」を主たる観察ポイント（ジオポイント）に選んだ．

① 伊江港から城山へ：伊江港で自転車を借り，段丘を登る．城山を取り巻く台地では，平坦な段丘面と，やや急な段丘崖が繰り返される．この海成段丘の地形と堆積物は，第四紀の自然環境を考える絶好の教材である．自転車を使うことで，海成段丘の地表景観を体感することができる．最上位の段丘面に到達すると，城山が目前に現れる（図14.5a）．

② 城山ジオポイント：城山の山麓で自転車を降り，徒歩で城山に登る．城山を作る地質を観察すると，チャートであることがわかる．チャートとは，海洋プレートで堆積した放散虫などの化石を含んでおり，遠洋性堆積物が沈み込み帯で付加した地層・岩石である．つまり，城山として露出する基盤岩と，それを取り巻く海成段丘では，土地の成り立ちがまったく異なる．

③ 城山から湧出へ：城山を下山し，再び段丘面を自転車で走って湧出に向かう．

図 14.5 野外巡検のストーリー（伊江島）（2012 年撮影）
(a) 城山ジオポイント，(b) 城山から望む海成段丘，(c) 湧出ジオポイント，
(d) 琉球石灰岩の建造物

段丘面の土地利用をみると，河川がまったくないにもかかわらず，サトウキビなどの農地が広がっている（図 14.5b）．湧出に到着すると，「生活の泉（くらしのいずみ）湧出清水（わじしみず）尽きぬ流れの（つきぬながれの）生命水（いのちみず）」と記された石碑が迎えてくれる．

④ 湧出ジオポイント：湧出には，伊江島の地表景観を紐解く答えがある（図 14.5c）．この湧水は，海成段丘を作る琉球石灰岩が地中に水を浸透させ，基盤岩であるチャートとの境界付近で地下水となり，それが段丘崖で流出したものである．地表に河川がないのは降雨の多くが浸透するためで，そのような地表環境でも農地として利用できるのは湧出の水量が豊富なためである．

⑤ 湧出から伊江港へ：自転車で海成段丘を一気に下るのは爽快である．伊江港に戻ると，見覚えのある石材が建造物に使用されていることに気づくであろう．これは，海成段丘を作っている琉球石灰岩である（図 14.5d）．

野外での環境教育には，学習者を惹きつけるストーリーが必要である．伊江島巡検の城山・湧出ジオポイントは，一見すると別の観察ポイントにみえるかもしれないが，城山を作る基盤岩が島の土台となり，その土台が湧出の水資源を支えているという点で，切っても切れない関係にある．城山で汗をかき，湧出の水を

使った清涼飲料水で喉を潤すとき，2つのジオポイントのつながりに思いを馳せることができたなら，その観光は自然ツーリズムといえる．自然ツーリズムを楽しむためには，自然環境の総合的な理解が欠かせない．

14.4　学校教育と生涯教育との連携

学校教育の現状をみると，これまで述べてきたような「自然環境を総合的に理解するための教育」を進めることは難しいであろう．その理由のひとつは，自然環境を総合的にターゲットにする自然地理学が体系的に扱われていないことである．今日の学校教育では，自然地理学的な教育内容は理科（主に地学）と社会科（主に地理）に分属しており，自然環境を総合的に理解させる体制ができていない（尾方，2009）．

自然環境の正しい見方・考え方を養う上では，学問分野の障壁や，教科・科目の枠組みは邪魔になることの方が多い．例えば，先に述べた地形や堆積物についてみると，地形の分布は主に社会科（地理）で扱われるが，堆積物の構造は主に理科（地学）で扱われる．地形と堆積物が別教科で扱われている以上，生徒たちの地形学的センスを養うことは難しく，地表景観から自然環境を読み解く教育には至らない．大気科学も同様で，気象学的内容は理科（地学）で，気候学的内容は社会科（地理）で取り上げられる．理科では，物理現象としての気象を学ぶが，それが地表の気候にどのように反映されているかが十分に扱われないため，地表景観から大気現象を説明する力は身につかない．社会科では世界の気候を学ぶが，その自然科学的な機構の扱いが不十分なため，理由のわからない分布になってしまい，地表景観を大気現象から説明する力は身につかない．

環境教育では，総合性や分野横断性がきわめて重要な意味をもつ．地形と堆積物を切り離して景観を理解することはできないし，気象と気候はセットで理解してこそ意味がある．さらに，大気から水へ，水から地形へとつなげていくセンスが重要である．

その一方で，学校教育のような教科・科目の制約がない生涯教育では，自然環境をシームレスに捉えた環境教育を実践することができる（尾方，2014）．教育内容や教材の自由度の高い生涯教育は，環境教育の理想形を作り上げる可能性を秘めている．生涯教育の成果を学校教育に導入する取り組みが進めば，環境教育は大きく前進するであろう．環境教育は，自然ツーリズムの土台であると同時に，自然ツーリズムによって作り上げられるものでもある．　　　　　　［尾方隆幸］

● ジオパークから「地球理解教育」の提案

「ジオパークってなに？」と聞かれたとき，私は「地球の営みを学ぶ場所」と答えることにしている．ジオパークの専門家は各地に増えつつあり，このように問いかけられたときの回答はそれぞれ微妙に異なると思うが，ジオパークの本質を理解している人であれば概ね似たような答えになるだろう．

「地球の営み」という表現は，地球に関するすべての現象を包含している．ここで関わる学問分野は，地球科学のすべてである．地球科学の全領域をカバーできる力量がなければジオパークのマネジメントはできない．地球の営みは本質的にシームレスだからである．学問分野で縦割りする発想は，ジオパーク活動のようなサイエンスのアウトリーチには馴染まない．

ジオパークでの学びでは「楽しい」と「正しい」の両立が前提になる．地球の営みを，シームレスに，楽しく正しく学ぶ．ひとつの石ころや見慣れた風景から，大気・水・地形はもちろん，生き物，太古の時代，果ては宇宙まで，自由に発想を広げることができる．そこに学校教育のような教科・科目の縛りは存在しない．私はこれを「地球理解教育」と名づけ，さまざまな機会でその面白さを語ることにしている．

今日，地球そのものの理解をなおざりにした環境教育は，もはや認められないであろう．ジオパークは，地球をシームレスに学ぶ，野外の博物館である．地球を丸ごと体感できる夢のフィールドである．ジオパークが，地球上の各地で「地球理解教育」を進めるエンジンになることを期待したい．

図14.6 ジオサイトを活用した教育活動（韓国・済州島世界ジオパーク）（2013年撮影）

文献

尾方隆幸（2003）：奥日光，戦場ヶ原の扇状地扇端付近における湿原の縮小と地表面プロセス．地理学評論，**76**：1025-1039．

Ogata, T. (2005): Peaty hummocks as an environmental indicator: A case of Japanese upland mire. *Tsukuba Geoenvironmental Sciences*, **1**: 33-38.

尾方隆幸（2012）：男体山・日光白根山．図説 日本の山――自然が素晴らしい山50選（小泉武栄 編），朝倉書店，70-73．

Yumoto, M., Ogata, T., Matsuoka, N. and Matsumoto, E. (2006): Riverbank freeze-thaw erosion along a small mountain stream, Nikko, volcanic area, central Japan. *Permafrost and Periglacial Processes*, **17**：325-339.

尾方隆幸（2011）：琉球諸島のジオダイバーシティとジオツーリズム．地学雑誌，**120**：846-852.（口絵「地形学とジオツーリズム――沖縄島の石灰岩とカルスト地形」．地学雑誌，**120**(5)：viii.）

尾方隆幸（2013）：学校教育における伊江島バーチャルジオツアーの実践．琉球大学教育学部教育実践総合センター紀要，**20**：213-217.

尾方隆幸（2009）：ジオツーリズムと学校教育・生涯教育――自然地理学の役割．琉球大学教育学部紀要，**75**：207-212.

尾方隆幸（2014）：シームレスな「地球理解教育」の意義――生涯教育実践からの提案．生涯学習フォーラム，8：1-7.

15 自然ツーリズムと計画システム

15.1 自然観光地における計画システム

　自然観光地とは山や海などの自然風景地を基盤とした観光地であり，多くの場合，国立公園や国定公園などの自然公園として指定されている．一般的に，自然公園には自然保護と良好な利用体験の提供という2つの目的がある．実際，わが国の自然公園法の第一条でも，自然公園指定の目的は「優れた自然の風景地を保護するとともに，その利用の増進を図ることにより，国民の保健，休養及び教化に資するとともに，生物の多様性の確保に寄与すること」と述べられている．したがって，自然公園を適正に管理運営するための計画として，保護と利用に関する項目が必要となる．では，こうした自然観光地における管理運営計画とはどのようなものなのだろうか．また，それを実現するプロセスや，具体的な調査方法とはどういったものなのだろうか．国内外におけるこれまでの実践例や研究成果をみると，実に多くの調査や計画技法が提案されていることがわかる．ここでは特に，観光やレクリエーションというテーマに直接関係するであろう利用計画に焦点をあてる．

　日本の国立公園制度では，公園ごとに公園計画を定め，国立公園内の施設の種類や配置，規制の強弱を定めている（環境省）．公園計画は「規制計画」と「事業計画」とに大別され，前者で公園内での規制行為や利用規制を定め，後者で利用に必要な施設の配置や生態系の維持回復を図る（環境省）．しかし，利用に関する計画において，利用者が利用体験として求める空間や施設水準を示したものはなく，レクリエーションという社会・文化的価値の追求という点が，わが国では軽視されているといわれている（小林，2002）．利用体験の質的向上のためには，利用体験ニーズの多様性への対応，良好な景観の維持，利用者の混雑解消といった，さまざまな課題を解決する必要がある．

　アメリカ合衆国やオーストラリアなど海外の先進諸国では，観光やレクリエーション活動を促進するためのさまざまな計画や戦略のモデルが開発されている．それらの具体的な内容や，モデルどうしの関係については，国際自然保護連合

(IUCN)の発刊した「自然保護とサステイナブルツーリズム」(イーグルズほか,2005)に紹介されているため,参考にしていただきたい.ここでは,それらの中で比較的よく知られているROS(recreation opportunity spectrum)の概念と実行プロセスついて,紹介したい.これは,11章で紹介されたLACやVERPなど後に誕生する公園管理プログラムにも大きな影響を与えている(愛甲,2002).

ROSは,多目的利用を前提とした地域の土地管理において,多様なレクリエーション体験を得るための機会を提供し,かつレクリエーション利用とそのほかの利用との両立を図るための現況把握と計画策定をするための枠組みであり,ゾーニング(地域を用途や機能の観点から区分すること)の手法が用いられる(八巻ほか,2000).ROSに基づいた計画手順として,まずレクリエーション空間を構成する3つの要素(物的環境・社会的環境・管理水準)の現況を調査し,データを地図に落とし込む(第1段階).各空間構成要素は「アクセスの状況」「隔絶性の度合い」「景観の特徴」「土地の管理状態」「利用者の管理状態」「混雑度」「利用者の自然環境に与える影響」の7つの指標によって成り立ち,評価される.第2段階では提供すべきレクリエーション空間の状況と適切に対応していない空間を見つけ,そこでの適切な土地利用区分の設定やレクリエーション以外の管理活動との調整を図り,その際の問題点を明らかにした後で,問題解決のための方針を提示する.第3段階でその計画方針に基づいて計画のスケジュールを組み立て,第4段階で実際の計画案の作成を行い,第5段階で計画を実行し,第6段階でその後のモニタリングがなされる.これらによって最終的に適正なレクリエーション空間の分類が成され,その状況を表現した地図が作成される.これをもとに,地区ごとに管理運営の方針が定められる.

こうした土地管理のほかにも,利用計画には自然公園内のインフラやサービスを開発することも含まれる.施設のデザインや配置,インタープリテーションや環境教育のコンテンツ,リスク管理など,さまざまな要素を検討しなければならない.

15.2 計画のための具体的な調査や分析の方法

前節では,自然公園における現況の計画システムの概念や実行プロセスについて紹介した.しかし,これらは保護と利用の両立を実現するための効果的な方法ではあれ,けっして完成されたものではない.社会や環境は常に変化し続けてい

るのであり，それに伴い自然ツーリズムの形態も変化していくだろう．当然，新たな利用体験ニーズが生まれるだろうし，これまでにない問題も発生するかもしれない．重要なのは時代にあわせた計画システムの構築であり，現状の計画システムをよりよくしようとする研究は今なお世界中で続けられている．本節では，自然観光地における望ましい利用計画を実現するための重要な研究テーマである「ゾーニング」「景観資源評価」「利用者の行動予測」について，それらの内容を具体的な研究事例を交えながら紹介していく．

15.2.1 ゾーニング

さきほどのROSの部分でも触れたが，ゾーニングは建物空間や土地の利用を計画するための一般的な方法であり，自然公園の計画においても用いられている．ROSでは，対象地域を原生地域，車両の入れない準原生地域，車両の入れる準原生地域，車道のある自然地域，田園地域，都市地域の6つに分類する．日本の公園計画では，特別保護地区，第1種〜第3種特別地域，海域公園地区，普通地区の6つを設け，それぞれで規制される行為の種類や規模を定めている（環境省ウェブサイト）．また，過剰利用による自然破壊が懸念される地域には，利用調整地区を設けている（環境省ウェブサイト）．

従来，ゾーニングを行うにあたっては，場所ごとの現況記録，主題図の重ねあわせやそれによる地域区分などの作業を，紙地図の上で行っていた．近年では，地理情報システム（GIS）の登場によって，そうした作業をより効率的に実行できる環境が整った．さらに，GISには自然・人工環境や人間の行動に関するさまざまな地理的情報を結合・操作・分析できる機能が備わっているため，より複雑な要素を考慮したゾーニングにも対応可能となり，方法論の高度化が進んでいる．例えば，Joyce and Sutton（2009）はGISによるROS地図の自動作成法を提案し，それによってニュージーランド全土のレクリエーション利用区分を行った．また，愛甲・富所（2012）は支笏洞爺国立公園内の支笏・定山渓地域において，自然資源とレクリエーション資源の地理的配置や特性に基づいた客観的なゾーニングの方法を提案した．そこでは，保護の重要性を示す評価項目として「植生自然度」「植物群落の多様性」「特定植物群落」「地形に関する自然景観」「自然現象に関する自然景観」の5つを，利用しやすさの評価項目として「傾斜」「アクセス性」「施設からの距離」「可視領域」の4つを設定し，GISを使って各項目における場所ごとの評価値を算出している．さらに，評価特性から場所を類型化することで，

現状の地種区分よりも合理的なゾーンを設定できることを示した．このように，GIS の利用によって明確な基準設定がなされたゾーニングを実現できる．また，デジタル化されたデータを用いるために情報の更新が容易である，複数のゾーニング案の比較検討が容易であるなどの利点があることから（愛甲・富所，2012），ゾーニングにおける GIS の有用性がさまざまな研究者によって評価されてきている．今後は，GIS を使ったゾーニングの方法論について，その体系化が図られるとともに，従来の計画システムへの組み込み，あるいは新たな計画システムの構築についての議論が展開していくだろう．

15.2.2 景観資源評価

人間にとって景観は視覚から受けとる環境情報であり，空間あるいは地域の特徴を即座に伝達・認識させてくれるきわめて優れたものである．自然観光地においては，優れた自然景観が利用者にとっての主要な観光対象となる一方，荒廃した景観の存在は利用者にネガティブな印象をもたせてしまう要因となる．このように，景観資源の質はレクリエーション体験の質に直接的な影響を及ぼすことから，観光地の計画や管理の段階において景観資源を適切に評価し，意思決定のための基礎資料とすることが求められる．景観資源の評価に基づくことで，場所ごとの保全対策や観光開発の方法を決定できる，資源同士をつなぐ観光ルートの計画に役立つ（Bishop and Gimblett, 2000）といった利点があることから，保護計画と利用計画の双方にとって意義があろう．これまで蓄積されてきた景観資源評価の方法は，大きく分けて「専門家による評価」「一般人による評価」の 2 種類が存在する（Daniel, 2001）．

「専門家による評価」では，さまざまな分野における特定の専門知識をもった専門家集団によって，科学的・客観的に景観資源の価値が評価される．そうした評価システム自体は,ユネスコによる世界遺産登録事業（日本ユネスコ協会連盟）や財団法人日本交通公社による観光資源評価（財団法人日本交通公社，1999）など，すでに多くの事業で採用されている．こうした事業体による活動の他，研究者による研究活動でも専門家による景観資源の評価方法が提案され，実践されている．溝尾・大隈（1983）は，日本全国の 33 件の湖沼を対象に，湖沼の特性分析と専門家による評価とを組み合わせ，湖沼の評価基準として重要な要素（透明度，周囲の景観，接近性）を明らかにした．Priskin（2001）は，オーストラリア・西オーストラリア州中央沿岸地域の山岳や海浜を含むさまざまなタイプの自然景

観 65 件を,「観光対象としての質」「接近性の度合い」「インフラの整備状況」「環境の荒廃度」の 4 つの評価カテゴリーをもとに評価した. Anfuso et al.(2014) は, キューバ西部における 43 件の沿岸景観の質を, 景観の物理的側面に関する 18 の評価尺度（崖，浜面，岩礁域，海水の色，植被などの特徴）と人為的影響に関する 6 つの評価尺度（騒音，ごみ，混雑，俗化などの度合い）から評価した. 専門家による評価の特徴として, 評価基準となる尺度を定め, それによって多くの資源をシステマチックに評価するという点があげられる. こうした方法をもとに作成される評価点付き資源データベースなどは客観性が高く, 国や地域の観光開発や交通戦略に役立つ基礎資料として期待されている.

「一般人による評価」とは, 行動科学の手法を採り入れて, 自然景観に対する人間の見方（好ましさや美しさなど）を探るものである. このタイプの研究調査では, カメラや景観写真を使った方法が採用されている. 例えば, 初期の研究で有名な景観美測定 (SBE, scenic beauty estimation) では, 被験者に複数の景観写真を提示し, それぞれの景観に対する印象を感情形容詞によって段階評価させ, どのような景観が好まれるかを検討する (Daniel and Boster, 1976). これは, 実験室での調査のため多くの被験者を確保しやすい, 地理的に離れた複数の景観の評価が可能であるなどの利点があるが, 現地で生の景観を評価させるわけではない. その後, 実際の観光地における観光者の体験を重視した評価方法も開発され, 近年その研究事例が増加している (Jacobsen, 2007). このタイプの代表例としては, 観光者自身に写真撮影をさせて, 撮影された写真を分析するという方法がある. 例えば, 撮影された写真の数を評価指標として, 自然観光地における来訪者のパブリックイメージを抽出する (Cherem and Driver, 1983), 水辺景観の重要性を定量的に評価する (Taylor et al., 1995) など, さまざまな活用のされ方がある. さらに, こうした景観資源評価研究でも地理情報システムの応用が進んでおり, 興味深い試みがなされている. 例えば, Chhetri and Arrowsmith (2008) はオーストラリアのグランピアンズ国立公園において, 観光者にとっての景観魅力度を地形や植生などの地理情報から推定し, さらに算出された値を観光施設からの距離によって重み付けすることで, レクリエーション適合度の空間分布を算出・可視化した. 自然景観に対する利用者の評価を知ることで, 良好な景観とそうでない景観の棲み分けが可能となり, 管理すべき場所の優先順位や効果的な情報提供などにおける意思決定を支援できる. また, 15.2.1 項で紹介したゾーニングのための指標として用いることもできる.

15.2.3 利用者の行動予測

自然観光地を訪れる観光者は，多くの場合，自然環境でのレクリエーション体験を通し，都会の雑踏の中では得ることのできない心理的充足を得ることを期待している．しかし，そうした期待は他の利用者との関係によって，しばしば裏切られてしまうことがある．例えば，同一空間にいる他の利用者の数が心理的な許容限度を超えるほど多かった，あるいは異なる活動をしている利用者との間に軋轢が生じた場合などである．特に，多すぎる利用者によって引き起こされる公園内での混雑は，日本でしばしば問題になる．実際，富士山や高尾山には毎年多くの国内外の利用者が訪れるが，時期や場所によって登山道に行列ができるほどの混雑が生じる（11章参照）．これでは，良質な自然体験を期待している利用者が大きなストレスを感じ，十分な満足感を得られなくなってしまう．また，利用者の増加は，利用行為による植生の踏みつけ，土壌侵食，野生生物への干渉といった自然環境に対する負荷を増進させるおそれもある．

利用者や自然環境にとって許容可能な負荷の程度は，収容力という指標で測ることが可能であり，社会的収容力と生態的収容力という大きく2つの側面で捉えられる（Manning et al., 2002）．混雑などによって利用者が受ける心理的負荷に焦点をあてたものが前者であり，自然環境の抵抗力あるいは回復力に焦点をあてたものが後者である．自然公園の計画では，これら収容力を適正なレベルで維持することで，自然保護と利用者満足を実現させることが求められる．そのための戦略の1つとして考えられるのが，自然公園の利用者動態をコントロールすることである．一般的な方法としては，自然公園の利用者数を制限する，生態的に重要な場所への立ち入り禁止を行うなど，利用者の数や行為を規制することである．しかし，客観的な裏づけがないままに，規制の程度を決定することは難しい．さらに，公園内部において利用者の混雑度は時間的・空間的に変動しており，入込み客数に対する対応だけでは地区レベル・施設レベルでの収容力の設定の検討に不十分である（愛甲・浅川，1996）．そうした課題を解決するために注目されている技法が，コンピュータによる行動シミュレーションである．これは，主に利用者の動態をコンピュータ上で再現し，どういった条件を設定すれば混雑度の解消に結びつくのかを，さまざまなシナリオ設定によって導くものである．

愛甲・浅川（1996）は，大雪山国立公園内のトレイルを通る利用者の行動を，アメリカ合衆国農務省森林局の開発したシンプルなシミュレーションモデルを使って再現し，歩道区間ごとの流動，他の利用者と出会う頻度，目にする他の利用

者数を計算した．また，全体の入込みが変化した場合の利用者動態を予測した．Manning et al. (2002) は，アメリカ合衆国のゴールデンゲート国立公園の一部であるアルカトラズ島において，フェリーの運航時間による社会的収容力（利用者にとって好ましい収容人数）の変化と，その適正値を推定した．Gimblett et al. (2001) や Itami et al. (2003) は，自然公園の道路ネットワーク上における利用者の行動を，一定の行動ルールに従って自律的に動くエージェントの振る舞いとしてモデル化し，複数タイプのエージェントの動きを GIS で構築した仮想環境でシミュレートすることで，異なる利用者タイプの存在とそれぞれの相互作用を踏まえた行動の動態を分析することに成功した．また，それに加え，駐車場など施設の配置や利用状況の変化による混雑度の変化まで予測することを可能にした．こうした技術によって，利用者の混雑度の時間・空間的なレベルを把握できるだけでなく，将来の開発計画や混雑度解消への対応策を実施した場合の効果を検討することができる．より発展的なシミュレーションモデルとして，利用者だけでなく，土壌や植生などの自然環境が利用者から受ける影響も，同時に再現しようというコンセプトが提唱されており（Bishop and Gimblett, 2000），今後の進展が期待されている．ただし，こうしたシミュレーションモデルを構築するためには，観光行動や自然環境の特性または双方の相互作用によって生じる諸現象についての基礎的な理論や知識が必要となる．したがって，そうした知見を得るための基礎研究の積み重ねが今後も重要であるし，得られた知見をモデル構築においてどう統合していくかという課題が今後議論すべき点となるだろう．

[杉本興運]

文　献

Anfuso, G., Williams, A.T., Cabrera Hernández, J.A., and Pranzini, E. (2014). Coastal scenic assessment and tourism management in western Cuba. *Tourism Management*, **42**, 307-320.

Bishop, I.D. and Gimblett, H.R. (2000)：Management of recreational areas：GIS, autonomous agents, and virtual reality. *Environment and Planning B*, **27**(3)：423-436.

Cherem, G.J. and Driver, B.L. (1983)：Visitor employed photography：A technique to measure common perceptions of natural environments. *Journal of Leisure Research*, **15**(1)：65-83.

Chhetri, P. and Arrowsmith, C. (2008). GIS-based modelling of recreational potential of nature-based tourist destinations. *Tourism Geographies*, **10**(2)：233-257.

Daniel, T.C. (2001)：Whither scenic beauty？ Visual landscape quality assessment in the 21st century. *Landscape and Urban Planning*, **54**：267-281.

Daniel, T.C. and Boster, R.S. (1976)：Measuring landscape aesthetics：The scenic beauty estimation method. USDA Forest Service Research Paper RM-167. Rocky Mountain Forest and

Range Experiment Station, Fort Collins, CO.
Gimblett, H.R., Richards, M.T. and Itami, R.M. (2001): RBSim: Geographic simulation of wilderness recreation behavior. *Journal of Forestry*, **99**(4): 36-42.
Itami, R., Raulings, R., MacLaren, G., Hirst, K., Gimblett, R., Zanon, D. and Chladek, P. (2003): RBSim 2: Simulating the complex interactions between human movement and the outdoor recreation environment. *Journal for Nature Conservation*, **11**(4): 278-286.
Jacobsen, J.K.S. (2007): Use of landscape perception methods in tourism studies: A review of photo-based research approaches. *Tourism Geographies*, **9**(3): 234-253.
Joyce, K. and Sutton, S. (2009): A method for automatic generation of the Recreation Opportunity Spectrum in New Zealand. *Applied Geography*, **29**(3): 409-418.
Manning, R., Wang, B., Valliere, W., Lawson, S. and Newman, P. (2002): Research to estimate and manage carrying capacity of a tourist attraction: A study of Alcatraz Island. *Journal of Sustainable Tourism*, **10**(5): 388-404.
Priskin, J. (2001): Assessment of natural resources for nature-based tourism: the case of the Central Coast Region of Western Australia. *Tourism Management*, **22**(6): 637-648.
Taylor, J.G., Czarnowski, K.J., Sexton, N.R. and Flicks, S. (1995). The importance of water to Rocky Mountain National Park visitors: An adaptation of visitor-employed photography to natural resources management. *Journal of Applied Recreation Research*, **20**(1): 61-85.
愛甲哲也 (2002):山岳性自然公園における利用者の混雑感評価と収容力に関する研究. 博士学位論文 (北海道大学).
愛甲哲也・浅川昭一郎 (1996). 山岳地における自然探勝路の利用者行動モデルによる混雑度の解析. ランドスケープ研究. **59**(5):169-172.
愛甲哲也・富所康子 (2012):自然資源とレクリエーション資源を考慮した自然公園のゾーニング手法の検討. ランドスケープ研究 (オンライン論文集), **5**:96-103.
イーグルズ, ポール・F.J., マックール, ステファン・F., ヘインズ, クリストファー・D. 著, 小林英俊 監訳 (2005):自然保護とサステーナブル・ツーリズム──実践的ガイドライン, 平凡社.
環境省:国立公園制度:[2] 公園計画. http://www.env.go.jp/park/system/keikaku.html (2014年4月20日確認)
小林昭裕 (2002):国立公園の計画や管理に, 利用機会の多様性の保全を図る概念の有効性と課題. ランドスケープ研究, **65**(5):673-678.
日本交通公社 (1999):美しき日本──一度は訪れたい日本の観光資源.
日本ユネスコ協会連盟:世界遺産の登録基準 https://www.unesco.or.jp/isan/decides/ (2014年12月3日確認)
八巻一成・広田純一・小野　理・土屋俊幸・山口和男 (2000):利用者の多様性を考慮した森林レクリエーション計画──ROS (Recreation Opportunity Spectrum) 概念の意義. 日本林学会誌, **82**(3):219-226.
溝尾良隆・大隈　昇. (1983):景観評価に関する地理学的研究―わが国の湖沼を事例にして―. 人文地理, **35**(1):40-56.
e-Gov:自然公園法. http://law.e-gov.go.jp/htmldata/S32/S32HO161.html (2014年12月3日確認)

自然ツーリズムの社会的意義と将来的課題
自然ツーリズム先進国ニュージーランドから学ぶこと

16.1 自然ツーリズムが目指すもの

　自然ツーリズムが自然やそれに関連した地域資源に基づく観光であることは衆目の一致するところである．また，「学」としての自然ツーリズムが地理学・地学や生態学・生物学，あるいは環境学などの諸学の総合的考察に基づいて成立することも本書を通じて理解できよう．しかし，自然ツーリズムの目指すところは，自然や自然に関連した資源のアトラクションを単に楽しむだけでないことも，あるいは自然ツーリズムを総合の「学」びの場としてみるだけでないことも事実である．

　自然ツーリズムの目指すものの1つは，「楽」しみとしての側面と，「学」びとしての側面を踏まえ，自然やそれに関連した資源を理解し，それらが自然を構成する他の資源とどのような相互関係にあるのかを知ることである．例えば樹木があれば，その樹木の緑や木陰を楽しむことは自然ツーリズムとして重要であるが，その樹木がどのような種類の樹木であるのかを，あるいはどのような性格をもっているのかなどを知ることも自然ツーリズムとして重要な視点である．さらに，その樹木と気候や土壌との関係や，同様に他の樹木や動物・昆虫との相互関係を知ることも重要である．1つの自然的要素と他の自然的要素の相互関係はエコシステムとしても知られており，1つの要素の変化が他に影響を及ぼし，ついには自然全体を変えることにもなる．

　自然を理解し，自然の要素間の相互関係を理解することは，私たちの何気ない行為がもともとの自然に与える大きな影響を知ることにもつながる．具体的には，樹木を1本伐採しただけで森の環境は大きく変わるかもしれないし，美しいと思って道端に種を播いたアメリカ産の草花が身近な環境を大きく変えるかもしれない．さらに，ペットとして飼っていた動物を森や川に放してしまえば，たった1匹であっても，森や川の環境を大きく変えてしまう．したがって，自然ツーリズムが究極的に目指すものは，自然や自然要素の相互関係の理解を踏まえて，環境保全と環境資源の適正利用を行うことであり（イーグルスほか，2005），そのこ

とに大きな社会的意義がある．しかし，自然ツーリズムの意味づけや制度化，および担い手の育成などについては将来的な課題として残されている．

以下では，自然ツーリズムの先進国であるニュージーランドを事例に，環境保全と環境資源の適正利用がどのように行われているのか，またそれらがどのように制度化されているのか，さらに環境の保全と適正利用に関する担い手をどのように育成しているのかを検討することで，自然ツーリズムの将来的課題の解決の糸口を明らかにする．

16.2　ニュージーランドにおける環境の保全と適正利用の背景と担い手

ニュージーランドは12世紀頃にモアハンター（モアはニュージーランドに生息していたダチョウ目の巨大な鳥．現在は絶滅している）と呼ばれる狩猟採集民（マオリ人の祖先）により発見された．彼らはニュージーランドに住みつくようになり，森林を基盤に狩猟採集や焼畑農業で食料を獲得し，自然と調和しながら生活してきた．しかしヨーロッパ人が入植し牧畜農業が行われるようになると，森林はヨーロッパ人の生業や生活に適応するように改変されるなど，土地の利用や開発の仕方は一変してしまった．当然，森林を草地化するヨーロッパ人の開発理念は，森林を維持し適正利用しようとするマオリ人の自然観と対立する．激しい抗争が繰り返された後，ニュージーランドはヨーロッパ人の理念に基づいて開発され，農業先進国と呼ばれる国土が今日までの約150年間で建設された．

ヨーロッパ人は当初，自然草地を基盤に粗放的牧羊業を大規模に行っていた．利用できる自然草地の多くは南島に集中し，森林の広がる北島における草地利用は相対的に少なかったが，酪農や羊肉生産の牧畜業が発達し，商業的牧畜業の飼料が自然草地だけでは不足するようになると，北島の森林が大規模に開発され，人工草地に転換された．ニュージーランドにおける森林の変化をみると（図16.1），1880年の北島では低地や海岸平野，および火山性高原台地を除く大部分が森林で覆われていたが，その後，北島の森林が大規模に伐採され，農地開発が進められたことがわかる．森林伐採による開発は1910年にほぼ完了し，森林は南島の脊梁山脈とその周辺，および北島の高丘陵地に分布するだけとなり，北島の低地や丘陵地の大部分が草地造成された（Young, 2004）．

森林から草地への転換は畜業の発展に貢献したが，もともとの豊かな森林を失うことは，土地の劣悪化や環境アメニティの低下などマイナスの影響ももたらした．失われた森林や自然をもとに戻すことは困難であったが，残された森林や自

16.2 ニュージーランドにおける環境の保全と適正利用の背景と担い手

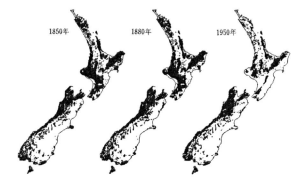

図 16.1 ニュージーランドにおける森林の変化（Watters, R.F. et al, 1965）

然における人為的な影響をできるだけ少なくし，それらを持続的に保全し適正利用しようとする考え方が，ニュージーランドにおける自然ツーリズムの基本的な背景になった．また，マオリ人の自然と調和した生活文化も，ヨーロッパ人に理解されるようになり，共通認識の1つとなった．

残された森林や土地は自然環境保全省（Department of Conservation, DOC）によって管理・保全され，その土地面積は国土の約3分の1に及んでいる．DOC の管理する土地には，13 の国立公園と 20 の森林公園，3500 の自然保護地域，総延長約1万2500 km に及ぶハイキングコース，約 3800 のビジターサイト，約 960 か所の山小屋があり，それらは南島の脊梁山地とその西斜面を中心に分布している（図 16.2）．特に，南島の西岸地域は降水量が多く，豊かな植生と森林が育まれ，ニュージーランド固有の動植物が生息している．そのような地域ではDOC が自然ツーリズムの適正利用や発展に大きな役割を果たしている（OECD, 2007）．

DOC の主な役割は，① 国立公園，自然公園，歴史文化遺産，および森林公園の保全，② 在来の動植物の個体数の維持増進と帰化生物の撲滅（生態系管理，ecological management），③ 離島海洋自然の保護と育成，④ 歴史文化遺産の管理，⑤ 観光客の管理指導とガイド，⑥ 観光施設の維持管理（ハイキングコースや山小屋の管理），⑦ 森林火災の予防と多岐にわたっている．しかし，DOC の全予算の約 50％は①に，約 34％は⑥に使われており，その活動の中心は生態系と自然ツーリズムの維持管理にある．このような DOC の自然ツーリズムに関連した活動は 1500 人の常勤スタッフと 500 人の非常勤スタッフ，および約2万人のボランティアによって組織的に行われている．常勤と非常勤スタッフの中には，自

16. 自然ツーリズムの社会的意義と将来的課題

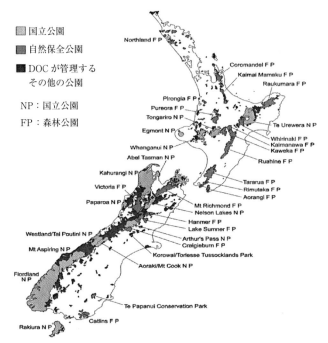

図 16.2 ニュージーランドにおいて環境保全省（DOC）が管理する土地（2005 年の DOC 年報から引用）農牧業の適地や都市周辺では森林の開発が進み，DOC の管理・保全する土地が相対的に少ない．南島の脊梁山脈やその西斜面では農業開発や人為的改変が進んでおらず，DOC が管理・保全すべき未開発の土地が多く分布している．

然ツーリズム活動の中心的な役割を担う DOC レンジャーと DOC レンジャー訓練生がそれぞれ含まれている．地域ボランティアの役割は身の回りの自然や動植物の観察やモニタリングを通じて，自然の保護・保全の重要性を一般市民に啓蒙することである（平松, 1999）．

環境保全活動の拠点となるビジターセンターには，通常，3 人のスタッフと 1 人の DOC レンジャーが常駐し，

図 16.3 ニュージーランドの DOC 地区事務所やビジターセンターで配布されている有料のパンフレット

2～5人のレンジャー訓練生，および20～30人のボランティアが所属し，利用者の案内や指導などを行う．国立公園や自然公園のガイドパンフレットが有料（1～2 NZドル：2014年現在90～180円，図16.3）で配布されており，その収益は自然公園の施設の維持管理費用にあてられる．このような案内や指導とは別に，国立公園や自然公園の自然環境を保全・管理するため，利用者の人数制限を行うこともビジターセンターの重要な業務の1つである．ただし，ニュージーランドにおいて公園利用者の人数制限が行われているのは，ミルフォードトラックやルートバーントラックなどに限られている．

16.3 ニュージーランドにおけるレンジャー養成機関とそのプログラム

DOCレンジャー資格を取得するためには，DOCと連携している国立高等専門学校や大学で特定プログラムの教育を受けなければならない．養成機関で1年間の教育を受けるとDOCレンジャー訓練生の資格が取得でき，DOCレンジャーとともにさらに2年間の実務経験を積み重ねることで，DOCレンジャー資格（5年ごとに更新）を取得できる．

高等専門学校および大学DOCレンジャー養成コースの入学者はそれぞれ約100名であり，その約80%は10代後半から20代後半の若者である．ネルソンマルボロウ高等専門学校のDOCレンジャー養成コースに2004年に入学したスジー・オコーネル（図16.4のパンフレットの女性）は，入学動機について以下のように語っている．「私がDOCレンジャー養成コースに入学したのは，レンジャーになることが子供の頃からの夢だったからです．私の家はネルソンの郊外にあり，週末になると両親に連れられて野山を散策しました．森の中で木々を観察し，動物や鳥たちと触れあうことがとても好きでした．また，地域の子供たちによるタカエ（キウイと同様に，ニュージーランドのみに生息する飛べない鳥）の生息調査に参加しました．その生息調査では，DOCレンジャーの人に調査の仕方やタカエの生態，あるいは森の生態系などいろいろと教えてもらいました．そのとき，DOCレ

図16.4 ニュージーランドにおけるDOCレンジャー養成機関のパンフレット

ンジャーという職業を知り，そのような仕事に関わりたいと思いました．そのような思いを実現するために，DOC レンジャー養成コースに入学しました」．スジーの言葉に代表されるように，DOC レンジャー養成コースの入学者の多くは，子供の頃に環境保護活動に地区ボランティアとして参加し，自然に高い関心をもっていたことに動機づけられている．

　DOC レンジャー養成コースでの授業内容は大きく① 基礎教育，② 専門教育，③ 野外実習の3つに分けられる．基礎教育では，自然地理学（地形学，気候・気象学，土壌学），人文地理学，生物学（植物学，動物学），生態学，歴史学，自然史などを学び，土地や地域を理解するための基礎知識が習得できる．専門教育では，救急法，防火法，環境保全法，環境資源の利用と維持管理，環境計画，野外活動，コミュニケーションと指導法，交通や機械，無線の技術などを学び，レンジャーとして必要な実践的技能や環境管理計画の仕方，あるいは環境に関する法制度などを習得する．

　レンジャー養成プログラムにおいて，基礎教育と専門教育，および野外実習の授業時間の比率は，ほぼ1：3：1に設定されており，バランスが図られている．一般に，レンジャー養成プログラムでは専門的な技能を習得させるため，専門教育に力が注がれることが多いが，ニュージーランドでは専門教育はもちろんのこと，基礎教育や野外実習にも力が注がれている．特に，野外実習の時間は学期ごとの実習と夏休みのビジターセンターでの実習を含めると相当多くなり，その充実ぶりが理解できる．いわば，基礎教育と野外実習を重視しながら，それらと専門教育とのバランスを図ることに，ニュージーランドのレンジャー養成のコンセプトが隠されている．レンジャー養成の仕方を大別すると，スペシャリストとジェネラリストという2つの方向性がある．ニュージーランドにおける養成の基本は，ジェネラリストとしてのレンジャーである．つまり，1人がさまざまな知識と技能をもち，多様な自然現象に対応するとともに，利用者のさまざまな要求に応えられる人物というのが，理想的なレンジャー像である．

16.4　自然ツーリズムとしてニュージーランドから学ぶこと

　ニュージーランドの自然ツーリズムから学ぶべきことは多い．
　第1には自然の保全と適正利用の担い手養成のコンセプトを明確にすることである．自然ツーリズムの担い手や支持者としてスペシャリストとジェネラリストのどちらを養成するのが正しいのかを軽々に結論づけることはできないし，地域

や場所によって必要とする担い手や支持者の性格も変わってくる．ニュージーランドでジェネラリストが求められているのは，ニュージーランドが湿潤温暖な気候に位置し，多様な自然環境と，生態系や自然－人間関係の複雑さが，幅広い知識と技能をもつレンジャーを必要としているからである．ニュージーランドと同じように多様な自然環境や生態系をもつ日本にとっても，この基本的考え方は参考になる．

第2に自然の保全と適正利用の担い手養成の基本的な考えを踏まえて，基礎教育と野外実習を重視し，専門教育とバランスを図った養成プログラムを構築することである．日本の環境教育や自然ツーリズムの担い手養成のプログラムを考える際にも，基礎教育と専門教育，および野外実習とのバランスをどのように図るかが重要な課題となる．

第3に，レンジャー養成コースへの入学動機にもあったように，子供の頃から自然や環境に興味をもたせるような環境教育やボランティア活動を充実させることである．そのことが自然ツーリズムへの需要や動機づけを多くするとともに，自然の保全や適正利用の関心を高めることになる． ［菊地俊夫］

文　献

平松　紘（1999）：ニュージーランドの環境保護——「楽園」と「行革」を問う，信山社出版．
イーグルズ，ポール・F.J.，ヘインズ，クリストファー．D.，マックール，ステファン．F.（2005）：自然保護とサスティナブル・ツーリズム——実践的ガイドライン，平凡社．
OECD (2007)：OECD Environmental Performance Reviews：New Zealand. OECD Publishing.
Watters, R.F. ed. (1965)：Land and Society in New Zealand：Essay in Historical Geography. A.H. and A.W. Reed.
Young, D. (2004)：Our Land, Our Selves：A History of Conservation in New Zealand. Otago University Press.

索　引

50/500 則　30

AISAS　49
CEPA　101
CITO　55
DOC　167
DOC レンジャー　168
　基礎教育　170
　専門教育　170
　野外実習　170
GIS　159
GPS　50
I ターンブーム　145
nature-based tourism　1
OUV　96
ROS　158
SBE　161
SNS　50
Wi-Fi 測位　51

あ　行

青森県南部町名川地域　73
アクティビティ情報　48
アグリツーリズム　70
アジェンダ 21　82
アロウカ宣言　83
安全情報　48

イエローストーン国立公園　96
石垣市白保　134
遺伝的確率変動　28
遺伝的多様性　27, 32
遺伝的浮動　28
移動手段の情報　49
田舎暮らし　71
イノー　136
イメージ形成情報　49
インタープリター　63, 100
インタープリテーション　64, 90
インバウンドツーリズム　79

営造物公園　95
液状化現象　129
エコシステム　165
エコツアー　44, 58
エコツーリズム　44, 57, 70, 98, 144
エージェント　163
エッジ効果　30, 32
演出情報　49
援農　80

小笠原エコツーリズムマスタープラン　66
小笠原諸島　66
屋内アクティビティ　48
オーセンティシティ　94
オーバーユース　114
オーバーユース問題　99
オルタナティブツーリズム　58

か　行

海域公園地区　159
階級区分図　21
ガイド　63
海洋島　66
外来種　66, 99
科学委員会　64
科学的視点　3
火山　123
　──の恩恵　124
過剰利用　114
仮想環境　163
価値判断　46, 48
活火山の監視　124
学校教育　154
ガバナンス　119
カメラ　161
環境確率変動　28
環境教育　44, 59, 146, 152, 171
環境政策　60
環境地図　19
環境保護活動　170

環境保全　165
環境保全緑地　17
関係的な位置　15
観光　2
観光学　4
観光客の移動ルート　15
観光経営学　5
観光研究　4
観光行動　16
観光事業　64
観光資源　132
観光資源評価　160
観光情報　48
観光農園　71, 73, 74, 78
観光法規　60
観光ポテンシャル　54
観光倫理　140
完全性　97
乾燥地　15
管理主体　105
管理制度　119
管理方法　116

危機遺産リスト　62
気候(土壌生成因子)　35, 36
気候帯　24
気象条件　57
希少動植物　57
規制計画　157
客観性　121
旧版地形図　129
行政　106
強風　128
極相林　25
局地風　132
近交弱勢　28

空港建設問題　134
クライテリア　97
グリーンツーリズム　58, 70
群集　22

索　引

計画システム　158
景観　22, 146, 160
景観資源　160
景観写真　161
景観美測定　161
景観保全　150
系統地理学　10
研究対象　4
原生自然　59
顕著で普遍的な価値　96
玄武洞　91
賢明な利用　62, 101

公園計画　157
工学的視点　7
行動シミュレーション　162
行動ルール　163
国際自然保護連合　96
国定公園　60, 93
国分寺崖線　104
国立公園　13, 60, 93, 167
国立公園法　94
国連人間環境会議（ストックホルム会議）　97
個体群　22
コミュニケーション　121
固有種　66
コロプレスマップ（階級区分図）　21
混雑　162

さ　行

サイズ構成　26
サクランボ　73, 77
サステイナブルツーリズム　58
里地里山　59
里山　25
山陰海岸ジオパーク　91
山岳積雪調査　125
サンゴ礁　135
散策路の整備　117

ジェネラリスト　10, 170
ジオ遺産　83
ジオキャッシング　54
ジオツーリズム　82, 150
ジオパーク　82, 155
ジオポイント　152
時間（土壌生成因子）　35, 36
事業計画　157

時空間要素　48
資源価値の測定　120
自然科学　5
自然環境　146
　　　──への影響　4
自然環境保全省　167
自然観光　1
自然観光資源　57
自然景観　57
自然公園　23, 60, 93
自然公園制度　60
自然公園選定要領　95
自然公園法　93, 95
自然災害　123
自然地理学　146
自然ツーリズム　1, 57, 123
自然の管理　116
自然の状況調査　118
自然保護　157
自然保護規制　63
自然保護区　96
自然保護制度　59
持続可能な開発　85
持続可能なツーリズム　98
持続性　41-44
湿潤地域　14
湿地　62
市民団体　106
シームレス性　148
社会科学　4
社会的収容力　162
写真共有サイト　53
写真撮影　161
ジャングルトレッキング　68
住民ネットワーク　107
収容力　162
狩猟　26
生涯教育　154
情報発信　48
食害　26
白保村ゆらてぃく憲章　138
白保ゆらてぃく地図　136
人為（土壌生成因子）　35, 36
人口統計的確率変動　28
真正性　94
心理学　5
森林生態系　22, 23

水文学　147
スキー場　127

ステークホルダー　121
ストックホルム会議　97
ストーリー　153
スペシャリスト　10, 170
スマートフォン　50

生産緑地　17
生息地（縮小，断片化）　30
生態系　152
生態系サービス　25, 99
静態地誌　11
生態的収容力　162
生物（土壌生成因子）　35, 36
生物群系　24
生物圏保護区　62
生物資源　57
生物種の集合　24
生物多様性　27, 95
生物多様性条約　61, 82
生命表　26
世界遺産条約　62, 97
世界遺産条約（世界の文化遺産及び自然遺産の保護に関する条約）　96
世界遺産条約履行のための作業指針　97
世界遺産登録事業　160
世界ジオパークネットワーク　85
世界自然遺産　23
世界土壌資源照合基準　36
絶対的な位置　15
絶滅　28
絶滅リスク　28
遷移　24
先住民ツーリズム　101

雑木林　25
草原生態系　23
相互関係　165
相互作用　27
装備　125
測位　50
測位誤差　51
ゾーニング　116, 159

た　行

大地の遺産　83
大地の公園　83
大量絶滅期　28

高尾山　114
宝探しゲーム　54
宅地並み課税　18
達者村　75
多様性　27

地域活性化　77
地域計画　134
地域構造図　11
地域参画　59
地域資源　165
地域社会　64
地域住民　106
地域制公園　95
地域づくり　134
地学　125
地球の記憶 (the memory of Earth) 権利宣言　82
地形 (土壌生成因子)　35, 36
地形学　147, 150, 151
地誌学　10
地図化　13
地図掲示板　52
地名　129
着地型情報　49
沖積低地　129
直売所　80
地理情報システム (GIS)　159

通信の安定性　51
津波　130
津波てんでんこ　131
ツーリストコード　140
ツーリズム　2, 103, 112

低体温症　126
ディーニュ宣言　82
適正管理　104
適正利用　106, 107, 109, 115
　環境資源の——　165
天候判断　125

動態地誌　11
等値線図　21
道路ネットワーク　163
特別地域 (第1種～第3種)　159
特別保護地区　96, 159
登山　125
都市域　103, 104, 112

都市生態系　23
都市的土地利用　18
都市農村交流　72
土砂収支　147
土壌生成因子　36, 40
土壌生成作用　36, 38, 39
土壌の水分供給能　34, 36, 39, 41, 42
土壌の物理的支持能　34, 36, 39, 41
土壌の養分供給能　34, 36, 39, 41, 42
土地の細分化　18
土地利用区分　158
ドットマップ　19
トラスト　107
トラスト協会　107

な 行

雪崩　127

日本ジオパークネットワーク　88
日本ジオパーク連絡協議会　88
ニューツーリズム　58

ヌビア遺跡　96

熱帯雨林　68

農家民宿　71
農業体験修学旅行　74, 78
農村移住・田舎暮らしブーム　145
農村問題　79
農村らしさ　72
農地開発　166
農地生態系　23
農林業政策　60

は 行

バイオーム　24
発地型情報　49

ビジネスモデル　65
避難訓練　124
非日常　72, 79, 80
非日常的な空間　16

ファームツーリズム　70

風車　131
風力発電　131
普通地区　159
ブドウ　80
フードツーリズム　72
冬山登山　126
フレーザー島　114
文化観光資源　57
文化政策　60
文化ツーリズム学　7
噴火様式　124
分布パターン　13

偏西風　131

防災教育　124
防潮堤　131
保護　116
保護区　29
保護地域　63
母材　35, 36, 39
母材 (土壌生成因子)　35, 36
ポスト生産主義　72
保全　104, 106, 107, 116, 146
保存　116
ボランティア　106

ま 行

マオリ人　166
マスツーリズム　58, 71

水収支　147

室戸ジオパーク　88

メガダイバーシティ　68

モアハンター　166
モニタリング　117, 158

や 行

野外巡検　150, 152
山スキー　125

ユネスコ　96
ユネスコエコパーク　23, 62

予測　163

索 引

ら 行

ラムサール条約　62, 101

リアス式海岸　129
理学的視点　5
リーケージ　65
リスク　46
リスク管理　123
リモートセンシング　52
流域　147, 148
流域思考　110
利用計画　157
利用者参加　52
利用体験　157
利用調整地区　159
利用の制限　116
緑地　103
緑地空間　103, 104, 106, 109
緑地空間保全モデル　107
緑地景観　103
旅行の段階　50
リンゴ　73

ルーラリティ　72
ルーラルツーリズム　70-79

齢構成　26
レクリエーション　94
レクリエーション空間　15, 158
レスボス石化林国立公園　86
レスボス島ジオパーク　86
レスポンシブルツーリズム　58
レッドカテゴリー　29
レッドデータブック　29
レッドリスト　29

漏出（リーケージ）　65

わ 行

ワイズユース　62, 101
ワシントン条約　61

編著者略歴

菊　地　俊　夫
1955 年　栃木県に生まれる
1983 年　筑波大学大学院地球科学研究科博士課程修了
現　在　首都大学東京大学院都市環境科学研究科教授
　　　　理学博士

［主な著作］
『都市空間の見方・考え方』（共編著，古今書院，2013 年）
『日本（世界地誌シリーズ）』（編著，朝倉書店，2011 年）
『東南アジア・オセアニア（世界地誌シリーズ）』（共編著，朝倉書店，2014 年）　ほか

有　馬　貴　之
1983 年　徳島県に生まれる
2011 年　首都大学東京大学院都市環境科学研究科博士課程修了
現　在　帝京大学経済学部観光経営学科講師
　　　　博士（理学）

［主な著作］
『役に立つ地理学』（共編著，古今書院，2012 年）
『ジオツーリズム論』（共著，古今書院，2014 年）
『東南アジア・オセアニア（世界地誌シリーズ）』（共著，朝倉書店，2011 年）　ほか

よくわかる観光学 2
自然ツーリズム学

定価はカバーに表示

2015 年 2 月 20 日　初版第 1 刷
2020 年 12 月 25 日　　　第 3 刷

編著者　菊　地　俊　夫
　　　　有　馬　貴　之
発行者　朝　倉　誠　造
発行所　株式会社　朝倉書店
　　　　東京都新宿区新小川町 6-29
　　　　郵便番号　162-8707
　　　　電話　03 (3260) 0141
　　　　FAX　03 (3260) 0180
　　　　http://www.asakura.co.jp

〈検印省略〉

教文堂・渡辺製本

© 2015〈無断複写・転載を禁ず〉

ISBN 978-4-254-16648-4　C 3326　Printed in Japan

JCOPY ＜出版者著作権管理機構　委託出版物＞

本書の無断複写は著作権法上での例外を除き禁じられています．複写される場合は，そのつど事前に，出版者著作権管理機構（電話 03-5244-5088, FAX 03-5244-5089, e-mail: info@jcopy.or.jp）の許諾を得てください．